差別語からはいる言語学入門

田中克彦

筑摩書房

目次

差別語からはいる言語学入門

まえがき

今まで、「差別語」については、数えきれないほどさまざまな本が書かれてきた。その目的はほぼ共通している。つまり、これこれのことばを使うと、「それは差別語だ！」と糾弾されたあげく、出版社も著者も多大の損害をこうむることになるために、あらかじめ、何が差別語にあたるのかを知っておくためである。この意味で、いかにうまく試験に合格するか、交通違反をのがれることができるかなどなどの問いに答えようとする点では、受験参考書や運転試験の本などに似ていて、一種の実用書、いわゆるハウトゥーものに数えることができるであろう。差別語だと摘発されてはじめてそうかと気づく点では、地雷に似ている。うっかり踏んづけて致命傷を負わないですむ地雷探知機のような手引き書があれば、さらに需要は大きい。

この目的からすると、最もてっとり早い方法は、「差別語一覧」といったようなリストを作っておいて、それを出版・放送各社が見ながら、原稿を検閲するのに用いられる手引き書である。聞くところでは、会社によっては、独自に編んだのを用いているということである。

それからまた、思いもかけず、「サベツ語」を使っていると告発され、くやしい思いをした「被害者」の作家や出版社が泣きごとをつらねたものも稀には出版されるが、そういうことをすると、新たな糾弾を招くおそれがあるから、こういう本が出ることはそうたびたびではない。

ほんとうはそういう本が出た方がいい。というのは、ものごとの本質はその結果だけからは知ることができず、どうしてそれがサベツ語にあたるのかという議論のプロセスがわかるようになっていた方がいいのであるから。にもかかわらずそうはならないのは、口べたで説得のへたな糾弾側が、ことばの達人たちに、ことばでねじ伏せられてしまうおそれがあるからだろう。

サベツ語の持つ効力は、そのことばで示される立場になってみないとわからないことが多い。たとえば私のよく存じあげている方としては、国立民族学博物館を築いて、長いあいだその館長をつとめられた梅棹忠夫さんが、まだ元気のさかり、六十六歳で突然「視力をうしな」われた(自伝『行為と妄想』における表現)とき、その失意はいかばかりであったろう。たまたま日本ローマ字会の大会で雑談したとき、私はその状態をあえて「メクラになられましたね」と言い、梅棹さんもみずからそのことばをくりかえし用いられたが、このことばの持つ悲痛さは、私と梅棹さんとでは同じではないと思いながらためしてみたのだ。「モーモク」と言った方がおだやかだが、しかしこの際は、「メクラ」よりも、よそよそしく、冷たい感じがしないだろうかと思ったからである。しかし、梅棹さんがその時どう思われたかはわからない。また梅棹さんのように功なり名とげてからの失明は、そうでない場合とはまたちがうだろう。

先日、東京都知事の石原慎太郎が田中真紀子さんの行動を、「更年期なんだろう」と評したということだが、私はこのことばを、もはや若くはないオトコとしての自分の身にあてはめてみて、これは、言われた方はきっと傷つくだろうなあと思った。しかし、私が三十代、四十代だったら、それは客観的生理年齢を指すことばであるから、使うのに何の遠慮がいるものかと思ったにちがいない。

このように、こうしたことばを使われたときの感じ方は、その立場になってみなければわからないということはたしかにある。そのことを、糾弾側は、「差別された痛みは、足を踏まれてみないとわからない」と言うのだが、ことばの問題については、なるべくこうした「直接経験主義」に訴えるやり方を避けるのでなければ、なっとくのゆく議論は成りたたないのである。

しかし私には、さきほど梅棹さんに、ほんとうは使うべきではないことばをわざと使ったように、そのことばの効果のほどを実験によって確かめてみたいという気持ちがいつも働いているような、あまり良くない人間である。それでもなおそうした試みにあえて出る背景には、私は運動家ではなく、サベツ語の何たるかをきわめてみたい研究者であるから、イイ／ワルイの結論を出すまえに、なぜそうなのかをいろいろ試してみたいという、やみがたい気持ちが働いてしまうからである。しかしその結果、いろいろとまずいことが起ることは覚悟しておかねばならない。

私はそんなふうであるにもかかわらず、有力出版社の代表たちを集めた、差別語の研修会や討論会に招かれ、講師でありながら半ばつるしあげられることが何度かあった。とりわけ、いったいなぜこの私をといぶかったのは、国立国会図書館の研修会に招かれたときである。

その中で、最も気まずかったのは、十数年前に大田区が行なった講演会であって、区長の西野さんという方も聴衆の中にすわって、私の話を聞いておられたが、その表情が見る見る不安げになって行くのを見て、私は「すまないことをしているな」という気がしてきた。私は、わざわざ私に期待して招いた人たちを満足させないどころか、その意図にそむいてしまったのである。

この種の催しに特徴的なのは、主催者が前もってはっきりとした主張をもっていて、依頼をうけた講演者は、それに沿って話をしなければならないことになっているということである。

もし研究集会ならば、講演者の話の行方は講演者自身の立てたわく組みに沿って話がすすめられ、そこで得られた主張を、それ自体として議論しあえばいいのであるが、運動のテーマがはっきりした講演では、最初から立てられた目的にはずれることがあってはならないのである。すなわち、講演者は一種、うけ負いの代弁者にとどまるべきであり、研究的であっては困るのである。学問の世界で、こうした、目的をはっきりと意図に込めた論は「政治的だ」として、最も反撥をかうものである。

ところで、この大田区の講演の概要を、区の新聞にのせるから書いてほしいと言われたとき、私は心をこめて、私の真意が伝わるよう正直に書いたのであるが、この文章はかなり待っていても結局は新聞に出なかった。係のかたが、紙面が足りなかったものですからと、申しわけなさそうにわざわざ原稿を返しに来られた。原稿料は私にはいつでも快いものだが、その時にいただいたのは、今思いかえしてもうれしくないものだった。

そういうわけで、私だって「断筆宣言」こそしないけれども、サベツ語規制にひっかかった、不愉快な思い出は書けばいろいろとある。

それにもかかわらず、私は全体としては、差別語糾弾運動を支援している。それは、日本の言語史の上で、かつてない、注目すべき有意義な現象だと思っているからである。そのわけは、いろいろな機会に説明しているし、本書の中でも述べることだが、ここであらためてくりかえしておきたい。

ことばは誰でも話していて、その使用は、それぞれの人間にいわば基本的人権として与えられている。これをスローガンめかしく言えば、「人間は、ことばに対して平等だ」ということになろう。しかし実際には、話しことばとは別に書きことばというものがあって、この方は、基本的には学校が与えるようになっているので、その書きことばを修練する機会にめぐまれた人とそうではない人との間には大きなひらきができる。

この個人ごとのことばの開きの差には、内容にかかわる本質的なものと、そうではなく、内容とは関係がないが、むつかしいことばで飾りたて、武装したものとがある。この差をちぢめることが、ことばによる差別をちぢめる上で基本的に重要なことである。

あらゆる近代国家は、そのような差がひろがることがないようにと、文字の習得を容易にするための工夫をしたり、書きことばをなるべく話しことばに近づけるための、言文一致運動をすすめてきたのである。ところが、こうした運動のすべてが、学識あることばの達人たちに担われてきた。

そして、ことばはどうしたらいいかという問題——このばあいのことばは、日本ではほとんどのばあい、書きことばだけが問題にされたのであるが——は、政府がえらんだ学識者たちだけが議論してきめてきた。漢字はどのくらいの数に定めたらいいのか、かなづかいはどれだけ古めかしくしたらいいかという問題も、文字を書くための時間が少なく、この点で恵まれない人たちのことは考えず、ひたすら「国の要求」として、たくさんの漢字をおぼえなくてはならないようにきめる。しかし「国」は、国民の持っている力や才能をうまく引き出して使わねばならないから、「漢字、かなづかひ」学者のいいなりになってはいけないので、知識の標準を、上にあげすぎると、国全体としての「国語のちから」が弱まってしまう。ことばは、特別な訓練を受け、それでくらしを立てている作家や古典主義者だけのものではないからである。

日本語の力を発揮するためにはできるだけ多くの人がそこに参加できるようにしておかなければならない。たとえば、日本語は教養ある人たちのものだから、その質を維持するために、大学を出ている人だけに書くのを許すなどときめるわけにはいかないし、またそんなことがあってはならないのである。

職業や、教育経歴のいかんを問わず、ときには外国人を含むすべての人がそれに参与できなければならないという点で、書きことばだって、基本的には、話しことばと同じ原理に立っている。したがって、書きことばの研究においても、話しことばの研究が役に立ち、その前提でなければならない。

近代言語学はこうした目的を、その大きな存在理由として要請され、発展してきたのである。

ところが多くの社会では、ことばの問題は研究者よりも文筆をなりわいとする人たちの意見にゆだねられている。作家、評論家たちは、かれらが使用できる日本語の範囲をできるだけ広く維持しようとして、もはや日常生活で忘れられてしまった遠い遠い過去にさかのぼり、あるいは特別な人たちが愛用しためずらしい漢字を手持ちのレパートリーに入れておこうとする。その結果は、ことば全体が古めかしく権威主義的なものとなる。現実には生きていない古めかしいことばで国民を教育するということは、もはやことばそのものが持っている伝達の道具という実用の域をこえて、民族的アイデンティティとか、せまいイデオロギーで人のこころをしばるという別の効用をもっている。こうした効用は、ある民族が、周辺のより強力な民族勢力からの脅威を感じたときに生ずる引きこもり自己防衛の形である。ここから、みずからをせばめて壁を厚くし、その内部を閉ざし守ろうとする防衛的言語と、なるべく自由に使えるように外に向かって広げておく発展的言語のちがいが生まれる。閉ざされた防衛は、その言語の存立にとってやむをえない措置かもしれないが、躍動する将来への発展は期待できない。

国家が有識者を集めて国語の将来を審議するときに、その言語の使用者代表として選ばれるのは、決して働く労働者、農民ではなくて、作家、評論家、文化人など、ことばだけで食べているいわゆる言語エリートである。いったいそれは、言語というものの性質上やむをえないことなのであろうか。ことばの術にたけて、経験ゆたかだというので、その道の専門家が決めればいいということになるのであろうか。そうしてその他の人たちは、かれらの言い分をそのままおしいただいて、ただ使わされるだけの立場なのだろうか。

しかしここではじめの議論にもどろう。すなわち、ことばは言語エリートだけのものではなくて、そのことばが話せるすべての人たちのものだという点に。そうすると、その言語の使用に参与するあらゆる人には、ことばの問題について、発言し、要求する権利があるということになる。

ところが、現実にはそのような議論をすすめるのはたいへんむつかしい。人々は、言語エリートが、かれらの必要と趣味によって決めた規則をおしいただき、学校を通じて配給される、そのしきたりにひたすら従わざるをえないことになる。そして、それのみが出世の道を約束してくれるようになっている。

およそことばの支配関係がこのようになっているとするならば、言語エリート以外は、みずからことばについて意見を言ったり主張したりすることは全くできないことになってしまう。ところが、ことばの力を底辺から支えている、こうした一般の話し手がいなければ、言語そのものも、言語共同体も成りたたないのである。

このようなエリートから除かれた層を人民とか民衆とか、柳田国男のように常民とか呼ぶとして、このような人々がいなくては言語はありえないのに、この人たちが発言できないというのは奇妙ではないか。

こういう事情を考えるならば、社会的に肉体的に差別されている人たちが、自分たちに対して、これこれのことばを使ってほしくない、使わせないと声をあげたできごとは、人間の言語史の上でほとんど考えられなかっためずらしいできごとだったのである。差別のことばでいえば、サベツ語糾弾運動とは、ことばのよし悪しを決める権利を非エリートが、言語エリートから、部分的にでも奪取しようという動きだったのである。

被抑圧者から、支配側に向けて行なわれる運動は、支配側にとってはたいていは不快なものである。言語についてはとりわけ、「洗練された趣味」の持ち主だと自任している人たちに向けられるのであるから、問題は一層困難である。すくなくとも、言語エリートに対する反逆は、文化の破壊であるととられる。ましてや言語は文化の中核だということになれば、エリート言語の批判は精神的存在としての人間の破壊だとさえ言われるであろう。こういうふうになってくると、人間と言語と文化との関係の中で、言語とは何かという議論をあらためて精密に行なう必要が出てくるのである。

こうした背景もあって、差別語糾弾運動を、自己中心的な快、不快の感情にとどまって見るのではなく、言語生活史の上でかつてなかった稀有な現象ととらえ、それを研究の上に活かせないだろうか、つまり、言語の本質をきわめる手がかりにならないだろうかという野望を私はいつしか抱くようになった。

そして、せっかくサベツ語とその糾弾にとり組んだり、あるいは不幸にして糾弾され、痛いめにあったというのならば、そこでやめることなく、この問題をとおして、いっそ、言語学的な考え方にふれてみるという試み、いわば、「牛にひかれて善光寺まいり」をやってみてはどうかと思ったのである。いな、サベツ語体験をした以上は、善光寺さんにおまいりしなければ、せっかくサベツ語でやったりやられたりしたかいがないと言うものだろう。それが本書の欲張った題名『差別語からはいる言語学入門』の趣旨である。

とは言っても、もちろん、差別語は言語学の全分野がかかわっているとか、それを手がかりにすれば、言語学の全分野がわかるというものでもない。それがかかわっているのは書かれた形では多少は文法の問題もあるが、ほとんどは意味論にかぎられる。しかし、意味論は言語学の中でも最も敬遠され、ないがしろにされているために研究のおくれた分野である。言語学の中で、オトと文法は形式化してつかまえやすいが、意味はそうではないからである。

ことばの意味の扱いがむつかしいのは、それが、あるものをこれこれであるぞと指示すだけの、単なる固定されためじるし、記号ではないという点にある。

ことばは、単に何かあるコト、ある事態を指すだけにとどまらず、それらをどのように見るかという観点を与えるという、ある意味での豊かさとやっかいさをもっている。ことばは客観的にあたえられた世界にかかわるだけでなく、その世界をどのように見るかという、言語共同体とその主体ともかかわっていて、かれら、人間を支配している。

差別語をめぐる議論にあきあきし、それが不毛だと感じた人たちの口からよく聞かれる意見の一つに、ことばだけとりかえてみても、そのことばが指している現実や事態が変わるわけではないというのがある。

それは大部分その通りだが、そうではない点もある。というのは、ことばは現実のみならず、人々の意識、精神世界の領域のできごとを描き出そうとするからだ。このことを否定する人はまずいないであろう。この本はまさにその問題ととりくんでみたものであるが、いま身近な例として、病気を指す名のことを考えてみよう。病名は、単にある病気を客観的に示すだけでなく、そこには多くの偏見がくっついている。ところが病気は医学の発達によって、それとたたかい、なおす方法が次々に開発されてくる。それによって病気への認識が変わってくれば、より適切な言いかたに変える必要が生まれるだろう。

こうしてとりかえられたことばが指す病気そのものは依然同じであっても、そこにはより客観的で偏見がなく、そして病気で苦しむ人々に絶望ではなく希望を与えるはたらきがあるとするならば、私たちはもちろん、そのようなニュアンスを持ったことばにとりかえる必要がある。

このように考えると、ことばのたたかいは、観点——ものの見方のたたかいでもある。こうしたことどもは、むろん私だけでなく言語について深い考察を行なった言語学の達人が、すでに指摘しているところである。

ことばは現実をそっくり写しだす鏡ではなく、またモノの代用品でもなく、積極的に観点を与えることによって現実——言語的現実をつくり出すものだという思想は、古くはW・フォン・フンボルトの著作にあふれており、またことばはそれが用いられる文脈によって独特の「情動の色づけ」に染めあげられるということを巧みに説明した、ハンス・シュペルバーの著作などから多くを学ぶことができる。そのことは、言語を世界的なひろがりをもって学ぶ入口に立つことを意味する。

また第4、5講で述べておいたように、日本語をどのようにして生産的な言語にしてゆくかという課題ともかかわってくる。

本書はこのような野心的なかまえをもって出発したにもかかわらず、思ったほどには議論が展開しなかったのは残念である。そこで私は、心ある読者が本書をきっかけにして、積極的な、生きた言語論にむかって進んで行かれるよう期待したいのである。

序説　差別語の発見

　ある一群の語をさして「差別語」と名づける習慣を生ぜしめるきっかけを作ったのは、一九六九年のできごとであろう。この年、東京大学名誉教授であった大内兵衛氏は、雑誌『世界』で、教授会は「特殊部落」であるとののしって書いた。大内氏の意図そのものは、多くの読者にとっては、すこぶる共感できるものであったが、それに対する抗議は思わぬところからやってきた。すなわち、ののしられた教授会からではなく、たとえに使われた「特殊部落」からであった。虚をつかれたのは大内氏自身であり、また岩波書店もそうであったにちがいない。抗議をうけた『世界』は発行者が自主的に回収したので、書店では手に入らなくなった。そのときいったい何が起きたのか、どうしても読みたい人は、抗議が発せられる以前に、すでに収蔵の手続きを終えてしまった図書館へ行けばいい。私はそのときのことを特別の感慨をもって思い出す。

　今まで誰にも言ったことのない告白をここで行なうならば、私は敗戦のとき、十一歳の少年としてこのことばを使ったことを、冷汗が出るような気持で思い出したのである。場所は、私の郷里の小さな町に進駐してきた、アメリカ占領軍が本部として使っていた旅館である。私はそこへ出向いて行って、責任者の将軍に会見を求め、こどもたちにチョコレートやあめをばらまいて拾わせるのはやめてほしいと申し入れをしたときに、このことばを使った。通訳はそのことばを全く理解せず、英語に訳せないということを私はすぐに見てとった。

そういうわけで、大内事件は、自分自身も使ったことのある、この「特殊部落」ということばを久しぶりに反芻してみるきっかけになったのである。当時十一歳の少年は、これを日常的に使われている通用の俗語、すなわち、あまりにもあからさまと感じられる差別呼称を避けて、占領軍の将軍に説明するにふさわしい、あらたまった、公式の用語としてこれを用いたつもりであった。大内事件以来、私はこの「特殊」ということばの用例に出会うたびに、それが用いられる条件をあらためて考えてみた。それはあきらかに「特別」とはちがうのである。「特別急行列車」とは言っても、「特殊急行列車」とは言わないのである。古くは「特殊潜航艇」、「特殊鋼」、近くは「特殊部隊」があり、また朝鮮戦争時代、日本の産業界の救いになった、たぶん「特殊需要」の省略形である「特需」についても考えてみた。

大内事件が差別語糾弾運動を組織化し、この形態を社会的なキャンペーンのモデル的な祖型に仕立てる準備をしたとすれば、この時すでに、差別語糾弾運動というものの注目すべき特徴が現われている。すなわち第一には、この運動にとって、批判の対象が政治的に進歩的（左翼的）であれ、反動的（右翼的）であれ区別しないという、独自の原理をもっているということ。第二に、発言されたことの全体の意図にかかわりなく、言いかえれば、それが日本の政治、文化のありかたの全体にとって好もしいか好もしくないかなどの考慮は全くせずに、ことば、表現そのものが、自分たちの利益に合致しているか否かの基準によってのみ糾弾が行なわれるという点である（このような方法は、日本語では、伝統的にコトバジリヲトラエルと呼ばれ、どこか、まっとうでないやり方だというニュアンスを含んでいる）。それが、現われた戦術としてそのようになっている面があるとしても、日本の大衆運動としては全く新しいタイプのものであったから、そのせいで、進歩的な大内氏も、良心的にふるまっていると思っている岩波書店も虚をつかれたのである。すなわち、この運動は、レーニンが用いた差別語「左翼小児病」にならって言えば、「言語小児病」をもって闘いの武器としたのであって、虚をつくことのできる間はこの武器は言語テロルの道具としては目ざましい威力を発揮し得たのである。私はこの現象を、いかなる理論やイデオロギーをも身につけていなくとも、あるいは、全く文字の知識すら身につけていなくとも、国家や賞によって権威づけられた作家や文化人の言語へゲモニーに抗してたたかうきっかけを与えたものとして、言語政治学的に極めて興味深い現象として観察しはじめたのである。

虚をつかれたメディア業者（言語商品の製造にかかわる人たち）が、この単純、素朴な戦法を迎え撃つ防御法として、「差別用語集」を編むまでにあまり時間はかからなかった。迎え撃つ側が作りだした「差別用語」という表現は、考えてみると、実に奇妙なものである。もともと「用語」は、医学用語とか天文用語とか、より一般的に専門用語とかのように、その分野での専門的な表現に必要とされる概念の一貫性、整合性をはかるために、専門家たちが相談しあって、計画的に作り、整理して編んだものであって、その分野の作業を有効にすすめるための目的がある。とすれば、差別用語とは、それをことばの文法に即していえば、有効にサベツを行なうための用語ということになってしまう。それに対して糾弾側では用語とは言っておらず、「差別（的）表現」と言っていたように思う。ここで「用語」と言っているのがせめられている側であるのは甚だ興味深い。それは、差別語問題への対処のしかたを率直に示しているからだ。私はこの「差別用語」は、たぶん「放送用語」のアナロジーとして発生したものと推測している。ちがいは、一方がポジティブなのに対して、他方はネガティブなものとして、つまり「使うべき」に対して「使うべからざる」禁句集として作られた語であることがわかる。

ではこの糾弾されるべき差別語なるものはいったいどのような語なのかといえば、そのほとんどが、わざわざジビキでひいてたしかめねばならないような、むつかしい漢字で書かれたものではない。それらはまた、サベツしてやろうと、目的を抱いて計画的に作られたものではなく、ふだんのことばとして誰でも知っているものが多い。それらは最も民衆的、人民的、庶民的な生活の中から生まれ、日常語の中で欠かせぬ中核的部分に位置している。これら、漢字で書かなくても、話し、耳にしただけですぐわかる語彙にかわって、許される、あるいは好もしい表現として導入されたのは、モー、ロー、アなどの、漢字で書かなければどうにもならない、むつかしい反人民的なことばばかりであるのは、私のような言語ナショナリストにとっては残念なところである。もっとも、モー、ロー、アなどを、漢語起源であるなどと悪知恵をつけずに、カナ書きにして、レプラ、ルンゲなどの西洋語と同じレベルで扱う方法もなくはない。

以上のように言語に即してみるかぎり、差別語糾弾運動は、民衆的な生活感情が含まざるを得ない自らの親しい言語財を自己告発するということにならざるを得ないのである。このような性格をもつ差別語糾弾運動は、いったい民衆運動なのか、エリート的運動なのか（この「的」はまがいという意味）、はたまた国民運動なのかはよくよく考えてみなければならないところである。もしそれが階級闘争、あるいは民族闘争だというのであれば、いくぶん理解できるところもある。

しかしそうでないとすれば、差別語糾弾運動が標的にしているのは、それがとった具体的な形からみると、本来的な日本語そのもの、とりわけ日本語のうちの最もなじみの深い民衆要素ということになるだろう。だから言語史の流れの中に置いてみるとき、愛すべき自らのことばをすすんで告発するという点で、これほど身が痛み、それだけに興味をそそられる運動はないのである。

ここで外国語に類例は求められないかとふりかえってみると、ドイツのフェミニスト運動は、ドイツ語そのものが男のために作られた言語であるとして、その文法そのものを糾弾するに至っているという例がある（ルイーゼ・プーシュ『男用言語としてのドイツ語』一九八四年刊、独文）。ひるがえって日本の差別語糾弾運動は、一つ一つの語彙やその使いかたを問題にするとしても、日本語の文法構造そのものを糾弾するほど理論的でラディカルではないのであるが、といって、日本語の構造そのものが糾弾から安全であるわけではない。地位や性差に結びついた代名詞や敬語法の使いかたは、これから百年の後には大きな変動を受けかねないだろうということは、シェークスピアやモリエールの作品からも例をとって、その歴史的変遷をくわしく述べた、ブラウンとギルマンの論文「権力と連帯の代名詞」（一九六〇年、英文）などが十分に予測させてくれる。日本語は性の区別が文法カテゴリーに組み込まれていないので、糾弾が文法にはほとんど及ばないとしても、セマンティクスの分野では、相当に豊饒な闘争の分野が準備されているのである。

糾弾側が絶対に使わず、もっぱら糾弾される側の専用用語としては、「差別用語」のほかに「差別語狩り」という表現も、興味深いものとしてとりあげてみるべきであろう。これはまず、糾弾行為を非難するための表現であるが、ことがらを本質的にとらえようとすれば、浅薄なものであることがわかる。というのは、差別語は「きのこ狩り」や「潮干狩り」のように、ひと通り「狩って」しまったら、あとには収穫物がほとんど残らないというような簡単なものではない。差別語はモグラタタキのように、たたくはじから生まれてくる。いな、より事態に即して言えば、ことばはみずから湧き出してくるのではなくて、人間が作るからはじめて現われるという点で、糾弾側は、ある有限個の差別語を単に狩って消し去っているのではなくて、新しく発見し、作り出しているのである。差別語は狩りつくして終わるのではなく、作り出されているのだという、このことの中にこそ、ことばの不滅の豊かさと創造力というものがある。したがって、「差別語狩り」は不正確な言いかたであって、「差別語生み」とか、「差別語作り」とか言うべき、発見的、創造的行為であり、また哲学の伝統に則して言えば「言語批判」（私はとりわけフリッツ・マウトナーの Sprachkritik《シュプラーハクリティーク》〈言語批判〉を念頭においているのであるが、もしそれを発展させて行くと、差別語そのものがポエジー〈文学〉だという私の手にはおえないおそろしいことになってしまうので、そういう領域にはなるべく踏み込まないようにするつもりだ）の流れの中に位置づけてさえいい性質のものである。それだからこそ、糾弾の対象になる機会の最も多いのはポエジー（文学）である。

第1講　言語ニヒリズムの邪道

以上のような前置きによって、差別語という語彙論的カテゴリーの発生（さきに述べたように、より正確には発見）と、その意義を示唆した上で、なお、世間にひろめられている差別語、いな言語そのものについての妄説、邪説をとり除いておかなければならない。これら妄説、邪説は、みずからの議論のすじがあやしくなってくると、権威のある、学問的に根拠のありそうな、もっともらしい一般原理のようにして持ち出され、せっかくの話の流れをぶちこわしてしまうのに多用されるからである。

邪説の第一は、「ことばだけいじくっても、差別という現実はなくならない。したがって差別語を議論することじたいが無意味である」とするものである。これにはさらに、これこれの語は差別語だとわざわざ問題にするのは、かえって差別を助長する効果があるというふうに、差別語論無意味テーゼへと展開させる人もいる。この展開部分には、おもしろい議論のきっかけが含まれていて、妄説としてはかなりすぐれていて心ひかれるが、わき道に入ってしまうので、ここではとりあげないことにする。

さて、差別語論の無意味テーゼは、いかに多くの人が口にしてきたことか、私はあるときこのことを言語学者だという人からすら聞いてア然としてしまった(このア然のアは漢字で書くと「啞」であって、モー、ロー、アのアにあたる。そしてこのツクリの亜(亞)という字はアというオトを表わしていて、全体としてはアとしか言えないという意味を表わしているからである。したがって、モー、ロー、アのアは、言語工学的にまだまだうまく計画した案ではないと思う)。ほんとにもしこの人たちが言うようであれば、ことばについての議論そのものが無意味ということになり、現実の影にすぎず、ましてや現実をかえる力のない言語についての科学や、その言語を用いて作品を作るなどということは、まったく空しいどころか、有害な行為ということになるはずだ。

ところが実際はそうではないということは誰でも知っている。差別という、人間の心理状態を作り出すのはことばであり、そもそも差別という観念そのものが、ことばなくしては発生しないものである。いまここに飼主によってより愛されているイヌとそうでないのとがいて、与えられる食事(ここで「エサ」といえば同じ対象が、それを食べる主体によって区別――潜在的な差別――される)に、良質なものと粗悪なものとの差を設ければ、一方のイヌは、自分が差別されていると思うだろうか。たぶんそうではないだろう。

そこにサベツがあると感じたりそう指摘したりするのは人間だけである。イヌにはまた、おそらく公平とか、民主的とかという観念もないだろう（ここから、「民主主義」ということばや観念のない社会は、イヌ的レベルにとどまるものだという解釈も生まれるだろう）。だから、人間に固有の差別という現実を問題にできるのはことばによるしかなく、したがって差別語を問題にしないで差別を論じる議論など、原理的に不可能なことはあきらかである。

ここで特別に強調したいのは次のことである。「差別という現実」（くり返すが、これはことばによってはじめて生まれる）と、それを差別的に、ことばによって表現することとは別のできごとである。現実、より正確に言うと、事態は一つであっても、ことばはみずから、その創造的な力によって異なる表現をあてがうことによって、差別的な、あるいは非差別的な世界を、言語的世界の中に作り出すことができる。

差別糾弾運動ではなくて、差別語糾弾運動が問題にしているのは、この次元に属しているのであるから、それはまず何よりも文学的、文化的であり、それを話題としてとりあげることは、極めて微妙な感覚を要する知的な世界に属することがらである。

ところが糾弾主体は、もともと言語的に抑圧され、ことばの世界で主導権をとれなかった人たちが大部分であるから、その実践が洗練されていないのはやむを得ないとして、本来、発見し、考えるところから出発したこの言語運動が考えない運動に変わっていくのは惜しむべき損失である。しかし、それよりはるかに嘆かわしいのは、本来文筆を業とする人たち――この人たちは生まれながらにそう運命づけられていたのでもないし、誰にたのまれてなったのでもない、みずからすすんで、勝手にこの道をえらんだのである――が、「ことばをいじくっても現実が変わるわけではない」などと言っているときの、この絶望的な言語ニヒリズムの方である。そんなことを言うならば、ことばの職業にたずさわらない方がいい。しかしやがてそれが本心でないことがわかって、私たちは安心することになるのだが。

この第一の邪説と結びついて、ことばはその共同体にとって中立の道具であるという、第二の邪説が生まれる。ある時、ある言語評論家が、「ことばは貨幣と同じで、誰が使っても同じ」と新聞に書いて、差別語糾弾勢力のひがごとにねらいを定め、ことばの無色、中立性を説いたことがある。新聞などにものを書いたりする人には、こうした平凡なことを書いても、それはそれで、ちゃんと典拠をふまえ、それをたてにとっていることが多い。

ことばを貨幣にたとえたことでよく知られるのはソシュールの『講義』であるが、といってそれはソシュールの発明ではない。G・フォン・デア・ガーベレンツ（『言語学』

第二版、一九〇一年刊、独文）によれば、この伝統はヨーロッパでは古くにさかのぼるので、ソシュールを念頭に置いたからとて、とりわけえらいということはないだけでなく、ソシュールのたとえの意味のとりちがえである。ほんとうは、ことばと貨幣のたとえを引きだすならば、両方が、いかにちがう性質のものかについて深い洞察を試みるべきであろう。考えてみるねうちのあるのは、ある一つの対象《モノ》に、どれだけ異なった言いかたをことばは作り出すかである。

時節がら、いま感嘆の思いで眺めている、このさかんな勢いで咲いているサルスベリのことを考えてみよう。日本人はこの木を、サルでもすべって落ちかねないツルツルの肌をもっているという、その幹のありさまに注目して命名した。しかしその一方で、何といってもこの暑い季節にもかかわらず、その花の長持ちするところを強調したヒャクジツコウ（百日紅）という漢名を導入した人々がいる。驚くべき命名のコントラスト！これは風流の領域の物語として聞けばそれにとどまるが、方言学の領域で起こったできごとを想起すると、熾烈な言語闘争の場であることがわかる。

第三にとりあげねばならない邪説、すなわち、ことばは公共のものであるから、一部の勢力の圧力に屈して、勝手に変えたり、使わせないようにするなどのことがあってはならないという説は、前の第二の邪説と組みあわさっており、あるいは、その応用問題であると言ってもよい。

第三の邪説が特別に私の関心を引くのは、この説による人たちが、他方において、ことばはいわば自然の生き物であって、人間が外から手を加えるべきでないと主張する人たちでもあるということだ。

ことばの公共説と生き物説とは両立し得ない。公共の道具であるならば、その道具は、公共の利益と目的にあったように維持するか、必要であるならば改造しなければならない。交番ですら建てかえられるではないか。しかし自然の生き物とあらば、手を加える余地はないのである。「自然のまま」を尊ぶならば。この二つの相反する、疑似言語学説は、大衆をあざむくために、言語商品生産業者たちが、ときには国家の手先になって、国語を擁護するなどと称して、たえ間なく使い続けてきた妄説中の白眉である。

ことばは自然であり、その自由をせいいっぱい保障しなければならないと説く人たちが、いかに方言を使って書くことを悪しざまにののしり、特定のセクト（宗派）が作った標準語を使うべきであると説教してきたかという歴史を、私たちはよく知っている。これらの説教師たちは、「差別語狩り」が知られるよりはるか以前から、特定の差別語どころか、ある言語や方言そのものを根こそぎ狩りつくせと主張してきた人たちである。日本の近代社会で、中央ではない地方の生活者たちは、この点では深い経験をもっている。かれらが受けた近代の言語教育は、「自分たちのことばは全体が誤ったことばであり、中央が指示しているとおりに入れかえるべき」であるという、反自然の言語運動としてはじまっている。誤っていることは恥かしいことだという感覚が、このことばの入れかえを、単なる機能上の（中央に行ってもよく通じるようにという）作業ではなく、道徳の感情と結びつけるに至った。

差別語糾弾運動もまた、こうした言語教育の伝統から自由ではあり得ない。これこれの語は差別語であると指定した語を使用から排除し、辞書から消し去る運動は、じつは私たちが、すでに学校教育で受けた訓練によって熟知している、あの「誤ったことばは消し去らねばならない！」というモットーの応用問題である。だから、この運動が、どこかに、方言撲滅運動をしのばせるおもかげをたたえているのはむしろ当然のことである。このスタイルは、あとでもふれるように、中央集権主義の色あいを帯びるから、一口に差別語といっても、地域によってその受けとり方は多少とも異なっているという、差別語のいわば方言学的バリエーションの存在を認めないという点で、方言差別の一面ももっている。この単一主義を手法として補強しているのは、反天皇不敬語を、一覧表を片手に伏字にしていった検閲制度の模倣である。それは意識的な模倣ではなかったにせよ、糾弾運動がこの武器から何も学ばなかったということはあり得ないのである。

このように差別語糾弾運動もまた、近代日本の言語的中央集権主義と方言撲滅運動とをつちかった土壌と全く無関係に生じたのではないのである。

第2講　ことばは人間が作ったものだから人間が変えられる

以上によって邪説、妄説の原理的な問題点をあげてみたが、この中で、今までもこれからも、言語論争の攻防のまとであり続けるのは、ことばを変えるという問題であろう。かつて柳田国男は、「改めようと努めぬ場合にすら世の言葉は変って居る」(『国語の将来』)と述べたが、いまはさらに一歩をすすめて、「変化は言語の本質に属する」(コセリウ『言語変化という問題』二〇一四年、岩波文庫)とした方がいいだろう。この考え方にしたがうと、変わらないことばは、もはや生きたことばではなく、死んだことばなのである。だから、ことばの変化をたえ間なく嘆く人は、言語の本質に目をおおいたい人、言語の現実から目をそらしたい人ということができよう。

ことばが「変わる」というが、ことばそのものは生き物や主体ではないので、自ら変わるわけには行かない。話す人が変えなければ変わりようがないのである。そしてこの変えるというできごとは、語彙のレベルでいうと、ある語を使わないようにして、そのかわりに別の語を採用するということである。この過程は意識的にも無意識的にも行なわれるが、だいじなことは、とりかえられ、使われなくなったことばは、特別な方法をとらないかぎり、忘れられていくということである。そして、このたえ間なく忘れられていくということの上に、言語の創造というはたらきが成り立っているのである。

新しい言いかたが発生し、それ以前の言いかたと併存した後に、やがて古い方を駆逐し制覇していく過程は、言語変化を研究する人たちの探求心をそそってやまないテーマであった。そのような研究の古典的な例として、勉強家にすすめたいのは、アントワーヌ・メイエの「単語はいかにしてその意味をかえるか」(一九〇五・一九〇六年、仏文)などの論文であるが、ここで、私もしらべようと思いながら手をつけていないのが、英語のスネイクという単語である。ヘビを表わすこの語は、同時にスネイル(カタツムリ)と同じ起源をもつが、もっとふしぎなのは、スネイクは、スネイルよりはもっと似ているシュネッケ(カタツムリ)というかたちでドイツ語の中に保持されているということだ。ドイツ語とロシア語の間などでは、まだまだもっと考えさせる興味ぶかい例があるが、このヘビとカタツムリの変化とつながりとは、忘れられた過去の意味の世界に身を置くよう、私たちの好奇心をいざなうとともに、意味の感じかたをひろげるという点で、とても参考になると思う。

しかし今は大昔の話ではなくて、もっと身近な例から話をはじめよう。ことばの変化——この変化は、言語学的に定義すべき厳密な意味においてでなく、「とりかえ」というくらいの、大ざっぱな意味で理解しておこう——は、その変化が起きたときからしばらく時代をへだててみると、話し手の無自覚のうちに、いわば時代の流れとして、世間全体を巻きこんで、いつの間にか知らないうちに起きてしまったような印象を与えるものだ。

私のこどものころにそう言っていた「活動写真」、もしくは「活動」が、「映画」に移行した過程は、もう記憶からうすれかかっている。こどもの頃の私は「活動を見に行く」と言っていたことを、これを書きながら久しぶりに思い出したのである。今で強いて言えばカラー映画となるのかも知れないが、それを総天然色映画と言ったことは、学生に笑われたことでまだ記憶に残っている。おそらくモーション・ピクチャーの直訳としての活動写真が映画となったのは、英語におけるムーヴィーへの変化に連動していたのだろうと思うが、この変化は、単なる「自然の流れ」によるものではなくて、映画産業における何か根底的な変化、あるいは変化を目ざす策動があったのかもしれない。捨て去られたカツドーは、決して差別語ではないが、かたくなに映画というのを拒否して、カツドーと言いつづける人は、この芸術に対して、独得の偏見、言いかえれば思想を抱く人だと、世間は見るであろう。政府がおふれを出して、言いかえを命じたわけではない語に対してすらすでにこのとおりである。

　私が学生諸君の笑いものになりながらも、まだ二月十一日を「紀元節」と呼びつづけているのは、言いかえられた「建国記念の日」を知らないからではなく、はたまたウヨク好きだからでもなく、あまりにもウソッポイからであり、またこのことばを使うことによって、ウソに加担したくないと思うからである。「紀元節」には実体が感じられるが、「建国記念の日」にはそれが欠けている。戦後のよろず切替期の名称の間の選択は政治的と思われるかもしれないが、歴史の状況をとり除いて考えてみると、サルスベリとヒャクジツコウの風流の領域と、原理としては何らちがわない。日本の方言地理学の財産としてあがめられる柳田国男の『蝸牛考』は、サルスベリよりも、より政治的に単純でない世界をあつかっている。デエロ、デンデンムシを胸におさめて、よそ行きのカタツムリにあわせて行くこどもにとっては、苦痛を伴わないではいられない、言いかえの訓練の空間であり、その背景には標準語統一への圧力があった。このように、ことばは決してムシのようではなく、ムシそのもののように自然で無邪気であったことは一度もなかった。それは何よりも、ことばが社会的なものであるというところから発している。

ことばの生活、ことばを用いての生活は、決して貨幣を廻《めぐ》らせることと同じではなく、しつけの生活の重要な一部であり、ときにはしつけそのものであり、たえざる矯正の対象であったことを考えると、差別語の問題を、特殊化して避けて通ることは、この問題じたいを差別し、言語一般の問題として扱う道を閉ざすことになる。それは好もしいことではない。何よりも学問にとっての損失である。

しかし、差別語糾弾の場でみられることがらが、いつでも言語一般の問題の一部として扱いうるわけではない。ある一つの領域を除いては——そこでは、ことばは言語固有の分野を離れて、主として、あるいはもっぱら歴史的コンテキストの中にのみ根をおろしているので、おそらく私のような関心の抱きかたからすれば、歯のたたない、けんのんな問題である。しかし、そのような問題も、この『入門』の末尾の部分においてふれないわけにはいかないであろう。

第3講　蔑視語と差別語

さて、以上の議論によって、一般的な議論から少しずつ、個別の問題に移っていく準備がととのってきたが、その際に、議論の混乱を防ぐために注意ぶかく区別をしておかねばならない問題がある。それは、差別語とののしりことばとのちがいである。序説に引いた大内氏の「大学・教授会＝特殊部落」論は、特殊部落をののしりことばとして用いたところに問題の発端があったことを考えれば、差別語はすべてののしりことばとして用いることができるが、といって、ののしりことばがすべて差別語であるというふうにはならない。一般に言語芸術の発達している土地では、ののしりことばは豊富であり、そうでないところでは貧弱である。私の育ったところでは、いわゆる郷土芸能でこれといったおどりやうたもなく、それだけ人をののしる習慣も発達していなかったので、ことばも貧弱で平和であった。戦争がはげしくなって、いわゆる疎開児童を迎えるにおよび、かれらが驚くほどことば達者で、ののしりことばもたくさん知っているのに驚いた。

いい合いではとてもかなわず、手も足も出ないというありさまだった。その一部は集団疎開であり、かれらのけたたましくしゃべりまくる都会のコミュニケーションを聞いて、私たちいなかのドジンは恐怖におののいたものである。

さて、こののしりことばを、もう少し上品に言いかえた「蔑視語」という表現があるらしい。こういうことばがあると知ったのは、今野敏彦氏の『蔑視語』という著作によってであり、そこには「ことばと差別」という副題がついている（一九八八年、明石書店刊）。「蔑視語」は、概念としては十分考えられるが、日本語としては辞書が登録していない新語である。そこで著者がどのような考えでこの語を用いているかを序章で述べているところを見ると、「他者との差異を強調する優越感の具体的な言語シンボルというようにとらえておく」とある。そして、それが差別語とはほんの一歩のちがいでしかない、あるいはほとんど差別語と等価に考えられていることは、その副題にこの語を用いて示されているとおりである。

巻頭の「はじめに」のところで、著者は「井戸端会議」は、女性についてだけ言われる「シンボル」であるところから、これは「差別と偏見」を含むことばであるというふうに述べているのはたいへん教訓的であって、ゆめゆめあの大学の教授会は井戸端会議だなどと言ってはならないことを教えている。しかし、これも歴史的な背景に対する知識を必要とするのであって、今や上水道が普及した今日、その知識のない人たちには、泉のほとりの水汲み話という風に、絵が描きかえられれば、ほのぼのとした情景を示す「シンボル」と化するであろう。蔑称がコンテキストを失い、あるいはコンテキストが異なる解釈を受ければ、それはもはや蔑称でも差別語でもなくなり、逆にほめことばに転化することさえある。この本に収められている少なくとも「かわりもの」、「ばか正直」、「世間知らず」などは、私には蔑視どころか、私のようにたいへんけだかい精神の持主に対するほめことばのような気がする。また、ここに収められていて、私の目をはたと吸いつけた見出し語があって、それは「はりこのとら」であった（一八三ページ）。そのわけは、くりかえし私が愛読していた、そしてまた、今でも折りにふれてとり出して眺める、中国人民解放軍総政治部編の『毛沢東語録』にあった、「帝国主義とあらゆる反動派は張子の虎である」というあの第六節を思い出したからである。一九六六年のその完訳日本語版のオビには、大内兵衛氏が写真入りで、「日本の労働者、学生、小市民、小農民は、この本を学習のテキストに使ったらいいと思う」と宣伝文を書いている。大学・教授会＝特殊部落発言が発生する三年前のできごとである。

毛沢東にかぎらず、一般に左翼、マルキシストの記憶に残る言説には、特有ののしりことばが多い。とりわけレーニンには印象ぶかいものが多い。「左翼小児病」には私はずい分こだわったし（「左翼小児病とはどんな病気か？」『国家語をこえて』ちくま学芸文庫所収」）、いわんや「連邦的関係という素町人的な理想には反対である」（レーニン「大ロシア人の民族的誇りについて」）のスチョウニンについても劣らずこだわっていたのであるが、これがくだんの書物では、「蔑視語」に指定されている。ここでは、「素町人」と訳されたもとのロシア語にまで議論をさかのぼらせることはしないが、個人でなくて、一つの社会階層を指していることによって、それは単なる「蔑視語」の域を脱して、立派な差別語の領域へと踏み出しているのである。［ちくま学芸文庫版への書きたし：ここで日頃感じていることを述べると、一般に、マルクシズムの文献、特にエンゲルスの著作には、蔑視語、ののしりことばは、ことの性質上当然しかたがないとしても、サベツ語がふんだんに用いられていて、この点から読みなおしてみると、いろいろとおもしろいことに気づくだろう。］

さて、本講で私があきらかにしておこうとしたのは、ののしりことばと差別語との境界線のことである。「蔑視語」と名づけられた表現のグループは、ののしりことばではあるが、より差別の色あいを多く含んでいる。しかし単なる蔑視の表現でそれが個人にのみかかわるものであるばあい、すぐに差別語というわけにはいかない。差別語は何よりも、できあがったステレオタイプ、紋切型の特徴を共有するとされるグループに、その名称のもとに、ある個人を強制的に所属させてしまうという、言語エネルギーの特殊な形である。

第4講　サベツ語糾弾が言語体系にもたらす結果について

　序説において、サベツ語糾弾運動は、「いったい民衆運動なのか、エリート的運動なのか、はたまた国民運動なのかはよくよく考えてみなければならないところである」と書いた。ナニ運動であろうと、そんなことはどうだっていいじゃないか。いま現実に目の前にサベツがある。それとたたかっているんだ――といったような答えかたもあろう。

　それはその通りなのだが、第1講で述べておいたように、サベツという現象そのものと、それにかかわることばの問題とは区別して考える必要がある。というのは、ことば（づかい）そのものの中にもまた、民主的なのと、そうでないのとがあり、それがサベツ語と言われるものとどのように関係しあっているのかを知っておくことは、サベツ語問題を考える基本に属するからだ（一言ことわっておくと、サベツとかな書きをするとき、私はこの語を学問的に客観化し――イヌノフグリとかモンシロチョウのように――、かつは国際的な術語としても用いることを意図している）。

ここで、ことばの民主主義ということについて、少しまわりくどくとも、まず共通理解をもっておかなければならない。

ことばは、ふつうのからだをもって生まれてきた人ならば誰でも話している。長じて教室で外国語を学ぶときのように、発音や文法の特別の訓練をしたおぼえはなく、いつの間にか、気がついたときには身についているのがことば（＝母語）というものである。ちょうど、自分がどのようにして歩く技術を身につけたのかをおぼえている人がいないのと同様に。つまり、ことばの基本的な能力は、歩く能力と同様、万人にほとんど平等に与えられている。

しかし書く方はそうではない。ことばを書き表わすには文字が必要になるが、その文字には二種類ある。一つはオトを表わす文字で、このオトは、たとえば日本語だと母音が五つとほぼ二十の子音があって、いずれにせよ、その数は有限個であるから、それを表わす文字も三十から五十くらいおぼえておけば足りる。

ところが他方、オトではなく、意味（もっとこまかく言うと、単語の意味）を書き表わす文字がある。意味、具体的にはモノは何万どころか数限りなくあるし、その上、これから先どれだけ新しいモノが生まれてくるかわからないので、本当を言えば、その都度新しい文字が必要になる。日本人が魚のために、どれだけ新しい文字をつくり出したかを考えてみればわかる。しかし人間にはそんなに多くの文字を使いこなす能力がないので、せいぜい五千くらいにおさえて、その中であれこれとやりくりしてきたのである。それでもやっぱり知識は見せびらかせたくなるもので、どんどん使っていい気持ちになり、知らない人との差をつけようとする。これが漢字と言われるもので、かつては世界で漢字式の文字を使っている言語がいくつもあったが、今では中国と日本くらいになってしまった。考えてみれば、それはひどく頭の悪いめいわく文字なのである。

ことばは誰でも話せるという点で人は対等であるが、それを書く段になると、決定的なサベツが生じる。オト文字であれば、五十音図のようにオトの数だけおぼえていれば、すべての用が足りるのに、イミ文字になると何万も必要となり、それだけの字を使いこなせるようになるのは、働かなくてもいい人間だけである。文字の知識はことばの能力とほとんど関係がない。私は大学院まで行って、ふつうの日本人の平均以上に、働かず学んだはずだが、それでもすいせん状のせんはどうだったのか、バラの花のバラはどう書くのか、字引きをひかねばわからない。そこでいっそのこと書かないことにしているのだが、そのことをテレビでしゃべったところ、「スイセン状も書けないやつは大学の教師をやめろ」という手紙をもらった。しかし、センが書けるようになれば、それだけ思想が深くなり、人格も高潔になるとは思えない。

このようなわけで、漢字語の多用は、ことばの民主主義に反する度合がより高く、ことばの使用に関するサベツを助長するおそれがある。

二十いくつか知っていれば何でも書けるアルファベート文字が、ヨーロッパに科学と民主主義を育て、人間を解放する上で、どれだけのはたらきをしたかは、いくら強調してもしすぎることはない。日本のこどもが学校へ入ればすぐに日記でも何でも書けるのは、ひとえにかなという魔法の利器のおかげであって、中国のこどもはそうはいかない。また十世紀の日本で、女たちが、かなもじだけで、どれだけ豊かな愛の表現技術を獲得したかはいうまでもない。こういうあたりまえなことほど気づくのにむつかしく、またそれをわざわざいうとこどもっぽく思われるおそれがあるので、ここでは自分のことばではなく、人のことばにかくれて言いたいことを強調しておこう。すなわち、一六二〇年という古い時代に、フランシス・ベーコンは、「アルファベットの文字（それらは未だシナ人の国では使われていないのだが）の発見」に比べれば、その後の学問などは大したことはないと言っているくらいである（『ノヴム・オルガヌム』岩波文庫）。日常アルファベートを使っているのみならず、それ以外の文字を使っていないところで、なおこういうことに気がつくというのはすごいことだ。

さて、いまここで、あることばがサベツ語だと指弾されたとする。するとまずしなければならないことは、それがなぜサベツ的であるかをよく研究して説明することである。とはいっても、それはサベツ語だ！　と指摘した人自身が、なぜそうなのか、うまく説明できるとはかぎらない。何かを感じることと、その感じの理由を説明できることとは同じではないからだ。

そのサベツ的ニュアンスが、ことばの次元だけで説明できることもあろうし、あるいは、ことばそのものに罪はなくて、使われている状況、それを使っている人間という、言語外の状況から説明するしかない場合がある。前者、すなわち、ことばの次元だけででも説明できそうなばあいには、ことばを工夫する余地があるから、言語学の知識によっていくらか貢献できるところもあるだろう。しかし後者の方は、本来からいえば、せまい意味での言語学の手にはおえない。たとえばジャップは日本人を呼ぶサベツ語だと教えられても、それがそうであることは、ことばそれ自体の中からは説明できない。アメリカに暮らしたこともなく、そう呼ばれたことのない私にはまったくわからないことである。かりにそれが親しみをこめたほめことばだと教えられれば、そうだと思うかもしれない。

比較言語学の慣用では、朝鮮語は kor. 日本語は jap. シナ語は chin. と書くが、それで誰かが怒ったという話は聞いたことがない。それどころか最近は、全ページをローマ字で書いたZyappu（ジャップ）と題するファッション雑誌すら現われた。編集者は、あらかじめこの語の用法を知ったうえでそれをかえって清新な表現として使おうと意図したらしい。

このようなばあい、ことばだけでは判断する手がかりがないから、これこれの語はサベツ語だというのには、特別な知識が入用になる。そして、これはサベツ語なんだぞと教える人がいなければならない。このように、教育によって、いいかえれば入れ知恵によって、サベツ語がどんどん増えるという、病的な現象が生ずる。

こうしたいろいろなやっかいな問題があるが、ここではそれをとびこえて、いま、具体的にある語が、議論の結果これはサベツ語だということになったばあい、次はどうするかが、ここで述べようとする問題である。

ことばの専門家からすると、そういうシゲキの強いエネルギーのあることばは、消し去ってしまうのではなく、むしろ参考のために、博物館の中にビン詰めにするかして保存して置いておきたいところである。ちょうどどんなにひどい病気であっても病理の研究に役立つように、そうしたサベツ語は、かならずことばの生理の研究に役立つこともあるからである。しかし実用の面からはそんなこともいっていられない。なぜだろうか。ここに生理学と言語学、言いかえればからだ（病気）とことばのちがいがひそんでいて、おもしろいところなのである。サベツ語を糾弾している人自身にとっても、こうした歴史的なサベツ語の記念碑はきっと興味深く、役に立つはずである。

しかしことがらは、現実のサベツを意識化することを避けるために、問題となることばを摘発することからはじまる。そこで、これはよろしくないとなったことばの使用をやめて、そのままですめばいいが、それによって生じたすき間を埋めるための別のことばを考え出さねばならない。その別のことばが、既存のよく知られていて、誰でも知っていることばからさがして来られることはめったにない。誰でもよく知っているなじみのあることばにはサベツの感覚がしみついているからである。

そうなると、欠けたところに入れるために新たにことばを作り出さなければならないことになるが、その作り出しかたによって、その社会のことばの民主主義度と、言語そのものの成熟度がはかられる。いうまでもなく、民主主義という意味では、なるべく漢字や外国語には頼らない方がいいのである。またぞろ漢字語を増やしたり、聞いたこともない外国語を使えば、サベツ語を排除したとたんにことばそのもののサベツを生み出すことになるからである。最もぐあいの悪いことは、そうした漢字や外国語をよく知っている人間に、運動を独占させてしまう危険に陥ることである。そうすると大衆運動がエリートに牛耳られたエリートまがいの運動になり下がってしまうだろう。そこに入りこんで来るのは、出世主義にも似た上昇志向である。

最近の環境運動の高まりには目ざましいものがあるが、それは使われることばを見ただけでまるごと輸入された性質のものであることがすぐにわかる。環境アセスメントとかリサイクリングなどということばが突然とびこんできて、日本ではそれまで、そうした習慣が何もなかったかのように思わせるがそんなことはない。もとから、自分で作って持っていた習慣ややりかたが生み出したことばを発展させないで、いきなり外来のものですげかえるのは、ちょうど植樹祭で自然林を根こそぎに破壊して、そこに人工的な植樹をやって緑化運動などといっているのと似ている。

さて、糾弾されたサベツ語にかわって持ち出されるのが、サベツ文字である漢字を使っての漢語であるか、カタカナ書きの外国語であるのは、たぶん次の理由によっている。まず、代わりの語は新しくなければならない。前のを取り除いて、新しくしたという、そのことじたいに価値があるからだ。次には、耳になじんだ民衆的な単語よりも、漢字あるいは西洋カタカナ語で表現されたものの方が上等であるという通念によりかかっているからである。すなわち、サベツ語を追い出すためにことばそのものの中でのサベツ性によりかかったおこないである。

なぜこのようになるかは、次のように説明できる。ことばは辞書に書いてあるような、単に中立的で客観的な意味を伝えるだけではなく、そのことばが、どのような感情や価値やイメージをかもし出すかも考えに入れなければならない。サベツ語のとりかえにあたっては、新しい表象が求められているのである。

モリエールの『町人貴族』という芝居で、町人のジュールダン氏は、哲学の先生から「自分の考えを表現するには、散文か韻文以外にはない」とおごそかに教えられた結果、「わしは四十年も散文をしゃべってきて、ちっとも気がつかなかったとは」とえらく感心する場面がある（鈴木力衛訳、岩波文庫）。

あるモノや現象に新しい表現を与えると、新しい発見と自覚が生まれる。たとえば極貧のドン底にある労働者が、ある日、君はプロレタリアートだ。プロレタリアートこそが人類を未来に向かってすすめる歴史的な役割をになっているのだと教えられたら、自分と社会についての新しい見方がはじまるかもしれない。いかに生きるべきかについても自覚を得ることになろう。しかもこのことばは、民族や国境をこえた、同じ立場の者の国際的連帯へと一挙に世界をひろげるだろう。こうしたことばを生み出したりひろめたりすることは革命的で、ロマンチックで、文学的な作業でさえある。

しかしこうした作業は、できるものなら、輸入品ではなくて、自前の、真の大衆的なことばを使ってやれた方がもっといい。ところが日本語におけるこの種の作業は極めて不作であって、そのことの中に不幸な日本語の運命が、かくしようもなく現われてしまっている。どんなに国語に誇りを持てといわれても、日本人は自分の国語は力のない低いことばだと思いこんでいるから、どうしても漢字語か、カタカナ西洋語をもって来て、自己の立場の向上をはかろうとする。ことば使いにはその人の本性が現われるというから、この種のことばの濫用は、いくらせっぱつまってやむをえずとはいっても、決して高い品性を表わしているものではない。その筆頭がモー、ロー、アである。

モーは「恋は盲目」などの「盲目」のように合成語の中にとり入れられてかなり定着しているが、ローとアはどうしようもない。『現代思想』という雑誌に、「ろう文化」と題した特集号があって、それは私の書棚にあったが、長い間開いて見なかった。というのも、レーニンだのスターリンなどのろう人形を作るような文化を扱ったものだと思っていたからだ。西洋にはそうしたろう人形の有名な博物館がある。ローは漢字で書くと、そこに「耳」という字が含まれているので、漢字にもどして、はじめて有意味なものとなる。評判の白川静さんの『字通』によれば、ローの漢字の意味として、「みみしい」と「おろか、くらい」があげてある。とすればこの言いかえはあまり成功ではなかった。ドイツ語では古くからのタウプ taub（英語のデフ deaf と同じ起源）の代りに広く使われているゲヘールロース gehörlos（ゲヘール「聞き」＋ロース「なし」）で、これは日本古語の「みみしい」の発想に近く、固有のドイツ語の材料を使った、すぐれた作品だと思われる。しかしドイツ語が母語でない私には、こまかい「感じ」までは自信をもっていえない。

読者のうちにはきっと、情熱的に漢字を愛している人が多いだろうから、漢字はサベツ文字だと書いた私に強い反感を抱く人も多いだろうと思う。この問題はとてもサベツ語論の片手間に論じつくすことはできない性質のものであるから、たとえば私の他の論考、「差別としての文字」(『ことばのエコロジー』ちくま学芸文庫)などにゆずる。ここでは別の視点から問題を提起してみよう。近年フェミニスト運動がたかまりを見せているが、誰も、「奸」だの「妨」だの「妬」だの、決してオンナだけのものではない、これらあまりかんばしくない概念になぜオンナ偏が多用されるのか、をだまって見ていていいのかと。漢字は何千年も昔の発生当時の古い古いイデオロギーをそのままたたえている。それをいまの世に無批判に引きつづき用い、またそれを特に不平なく眺めているのは、まことに不思議といわなければならない。

ここで忘れずに、はじめの問題にかえってしめくくろう。①サベツ語糾弾運動は、その結果からみると、言語レベルでとらえるかぎり民衆的というよりはむしろ反民衆的運動であり、②わかりやすい、いい日本語を作って行こうという国民運動にもなれていいない。③サベツ文字である漢字の多用という点からみると、エリート的、つまりエリートまがいの運動にとどまっている。――ということの三点である。

第5講　「オンナ」で考える――サベツ語と語彙の体系性

日本語で、人間の性のちがいを示す基本的で一般的なことばはオンナとオトコである。これら二つのことばを、もし漢字で「女」「男」と書いて、それぞれジョ、ダンあるいはニョ、ナンと読んだら、本来の日本語が持っている体系性はブチこわされて、まとまりのないものになってしまう。ほんとにジョーダンじゃないよ。そのわけを説明しよう。

「女」と「男」の発音、ジョとダンというオトの間には何のつながりも見出すことができない。それに対して日本語ではどうか。オンナ－オトコのこの二つの語は対《つい》になっていて、そのことは、いずれもオという共通部分を持っていることからすぐにわかる。

また「女」と「男」という漢字の方も、その形も成り立ちも、何の関係もなさそうである。白川静さんの『字通』が教えるのは次のようなことである。いわく「女」は「女子が跪《ひざまず》いて坐する形」であり、「男」は「田」と「力」の組みあわせで、力は「耒《すき》の象形」だと説明されている。もしいちいち字のみなもとを考えながら書いていたら、なぜ女はいつもこうひざまずいてばかりいなければならないのだろうかと、フェミニストでなくてもなっとくがいかないであろう（私はよりわかりやすく、これはオンナが両手で前をかくしているところだともっともらしく外国人に教えてきた。そしてこの説明は、かれらを心からなっとくさせたものだから、ついには私の信念にもなってしまった）。しかし言語においては、いつでもサンクロニー（共時態——歴史の知識によってにごらされない、その時点でのありのままのすがた）が歴史を制するのである。ソシュールが話し手にとっては時間は存在せず、「過去を抹殺しないかぎり話し手の意識のなかに入ることはできない」といっていることは、文字についてもあてはまるであろう。この語源・字源とサベツ語との関係については、また別に一項を設けて述べなければならない。あることばのサベツ性を、文字をたてに説明しようとする人があとを断たないからである。

このように漢字ではオトもカタチも、すなわち「女」と「男」の間に有縁性も相関関係もないのに対し、日本語のオンナ、オトコはうまくできている。だから話はここで終えればいいのであるが、さらに歴史的にさかのぼって行くと、日本語のオンナ、オトコの体系性がもっとはっきりと浮かび上がってくる。今日の日本語でツイをなすこれらの語のより古い段階にあたるのは、それぞれ「ヲトメ」、「ヲトコ」であり、このツイは「ヲト」を共通要素として、それに「メ」と「コ」というオス・メスの記号を加えて成りたっていたことがわかる。すばらしいではないか。漢字に侵略される以前の日本語はこんなに透明で体系的でわかりやすかったのである。

ところで、今日では使わないこの「ヲ」の字の発音を強いて示せば、「ウォ」というふうであったと推定されている。作家の中には、歴史的「かなづかひ」を復活させろと主張する人たちがいて、たしかにそれは古形を教えてくれるが、といって、実際に「ウォンナ」とは言っていないのに、「ヲンナ」と書けというのは大変むりがある。

さて、ここまで読んで来られた読者は、この由緒ただしく、しかも語彙の体系性という点からみてもすぐれているこの「オンナ－オトコ」のツイが大変私の気にいっていることをすぐに見てとられるであろう。それで教室でもこれで通して、オンナで行こうとすると、すぐにそれに抗議の声をあげたのはアラブの留学生である。日本語はかれにとって外国語であるはずなのに、オンナには自信をもって強く反応する。我が国エジプトでは、そんなことばを使うことは許されませんよと。ああ私は何となげかわしい、外国人留学生にことばづかいをたしなめられることば教師であることよ！

おそらくかれは、オンナをかれの母語のオンナ類を表わす一群の単語のなかのある語にあてはめて、それをサベツ的と感じたのであろう。ほんとうは、かれを理解するためには、かれの母語の中のオンナ類の呼称をすべて調べあげ、その中でオンナがどのような位置を占めるかをたしかめなければならないだろう。おそらくそこではオンナを指す語は大変豊富であり、豊富であるだけ、サベツ的ニュアンスも発達しているものと想像される。

岩波文庫の中には『コーラン』の翻訳があって、その第四章の題は「女」と訳されているが、くだんのアラブおとこの感覚ではどうなのだろうか。その第三八節には「アッラーはもともと男と（女）との間には優劣をおつけになったのだし、また（生活に必要な）金は男が出すのだから、この点で男の方が女の上に立つべきものじゃ」とある。この口語訳は、訳者の井筒俊彦氏の解説によると、大変な迷いの結果、断行されたということである。「荘重で、時とすると荘厳でさえある」文体ながら、「口語なればこそ割合によく表わせると思われる他の側面があって」あえてこのようなスタイルをとられたという。ところが一九五七年に出たこの版はその後絶版となり初版から七年後に改訳版が出た。どうやら、聖典の文章としては品位を欠くという世評の圧力におされて出版社が引っ込めたらしい。しかし私のさきの引用は五七年版からのものだが、六四年版でもそれほどかわっているわけではない。さきの文章で言えば、最後の「じゃ」が削ってあるくらいだ。だからこの文体は訳者の信念によるものと考えていいだろう。

日本にはこの種の圧力がいつでもあって、聖書の口語訳が出たとき、ある作家が、そんな俗なことばが「イエスの口から断じて出るはずがない」（丸谷才一『日本語のために』）とふんがいしたのも同様の気持ちからであろう。ほんとはイエスの口なぞ見たこともないくせに。さきほどのアラブの学生に、この岩波文庫の訳における「女」の使用が許されるかどうかをたしかめないうちに、博士になって、どこかへ行ってしまった。「オンナ」にサベツ的なニュアンスがつきまとうとするならば、ではどう言えばいいのか、私が知らないわけではない。たぶん「女性」、あるいは「婦人」、そして学校では「女子」と言えばパスするだろうことが（学校で、もし女性学生と言ったらおかしく、婦人学生がもっとぐあいが悪いことは私だって知っている）。なぜ婦人警官といって女子警官とはいわないかなど、さまざまなおもしろい問題があり、これは身近な研究対象だ。「女子」は、いまはわきに置いておき、「女性」と「婦人」について考えてみよう。これらは私の感覚では次のようにとらえられている。すなわち「女性」は若く、「婦人」は若くない。それが証拠に「老婦人」とはいえるが、「老女性」とはいわない。また前者にはより洋装が、後者には和服がふさわしく思われるのは、私の時代のオトコの偏見が加わっているかもしれない。

このような語感のちがいを生みだすものは、ジョセイだのフジンだののオトそのもの、単語そのものの中にあるのではなく、あくまで、それがどのような単語と組みあわさって、あるいは、どのような場面、文脈の中で使われるかという、ひとえにその使われ方によってきまるのである。たとえば、「女性」はナイトクラブなどの求人募集で「明朗な女性求む」というふうになっていて、そのばあいには「婦人」は使われない。すると、この「女性」の中には、いわずとも「若い」ということが含まれている。また『女性自身』という週刊誌は、男が読んでも、婦人が読んでもかまわないが、ねらいは若いオンナに定められているものと、編集者だけでなくひろく社会が認めているのだろう。

それからまた、病院には、オンナだけが行くセクションがあるが、それは「婦人科」と名づけられていて、そこの客は「婦人病」である。「婦人病」のつもりで女性病という人はいない。「婦人病にかかったオトコ」とは言えないが、「女性病にかかったオトコ」は言えそうな気がする。ジビキには登録されていなくとも、この語に結びついているのは、オンナを見れば、すぐにイかれてしまうオトコというふうに私だったら理解するであろう。

ここでは単についでとしてふれておくにとどめるが、病院や医者の客にかぎってなぜそう呼ばず、「患者」などと特別な言い方をするのか、私は敢えてサベツ語だとは言わないけれども、考えるべき問題を含んでいると指摘しておく。

このように、一つ一つの単語の意味をきめるのは、文脈つまり、前に何が来て、後に何が続くかだ。しかし「文脈だ」という言い方は、いかにも客観的な言いかただが、すべてをそれにまかせてしまうと、ことばの変革はできない。文脈とは使用（Usus）であるから、もとをただせば人間（話し手、使用者）が作ったものである。だからそれは、言語外の社会的圧力によって作られたものである。

以上のように考えてきて気がつくのは、ヤマトコトバ、つまり、純粋日本語は、いつも低い、俗な文脈で用いられ、高級な文脈には外来のものが用いられるという習慣である。外来のものとは、歴史的に見ると、まずシナ文字を使った漢語であり、次には西洋語である。たとえば、オトコはどう用いられているか。コンビニエンス・ストアに強盗に入った犯人のことを新聞は、「三十歳くらいの覆面をしたオトコ」というふうに言い、「オトコは待たせておいた車で逃走した」というふうになる。このオトコを男性とは言わないのである。このように、「男性」といえばまともで、「オトコ」はいかがわしいものという使いわけは、ことばそのものの中にちがいがあるのではなくて、それを使う人間つまり日本社会が、ことばにそのような価値を与えているということである。

この項で私が言いたかったことは、サベツ感があるからといって安易に外からの輸入品に頼るのではなく、自らの本来の材料を使いながら、なるべく語彙の透明性を維持し、高めていく心がけが必要であるということであった。しかしことばにはそれ自体が本質的に欠損を示す、じつに興味しんしんの特有の表現があるので、それはやはり見ておかねばならない。

第6講　「片目」で考える——欠損を表わすための専用形

「オンナ」のように、もともと評価の加わらない、単に「人間＋メス」のような中立的な意味をもつ語でさえ、サベツがかかっていると思う人がいることから、ある人たちは、あらゆる語は潜在的にサベツ語だというようなことをいう。その意図は明らかである。だからサベツ語の議論は、本来無意味だといいたいのだろう。

しかしちょっと考えてみると、これはかなり荒っぽい議論の運びである。ある表現がたたえている、いわば意味論的差別価値には強い濃淡のちがいがある。山川草木《サンセンソウモク》、花鳥《カチヨウ》風月《フウゲツ》にかかわることがらは、差別価値が最も低く、それがしだいに人倫にかかわる領域に近づくにつれて差別価値は高くなる。その極点にあるのが人間の身体であろう。

からだもまた自然物であって、自然物としてのからだは、当然そなえているものと期待される部分と器官から成り、それらは外から見たりさわったり動かしたりすることによって、期待されるすべてがそろっているかどうかをたしかめることができるが、そうではなく、見ただけではたしかめることのできない機能が一つある。それはことばである。ことばの製造はからだが土台になっている点で自然に近いが、自然をはるかにこえている。とはいえ、生まれて間もなく身についたことばから人は一生逃れきることはできないから、かなり肉体的なものであるが、その肉体的なものは環境と一体になっている。つまり、あることばを身につけた環境を同じくしない人には、そのことばは全く価値のないものである――というふうにことばの問題は底無しに深いから、これ以上つつくのはやめにして、からだへもどろう。

それぞれのからだは、生物的な特性を帯びていて、それによって大きくオンナかオトコかに分かれる。このオンナ－オトコについては、前講で言いもらしたことを一つつけ加えておきたい。それは、このオンナ－オトコを、日本語のように人間だけに限ることはせず、動物、ことによると植物にまでおしひろげて、区別なく用いる言語が多数あるということだ。ところが日本語では、動物に対しては別あつらえのオスイヌ、メスネコなどという言い方があって、オトコイヌ、オンナネコとは言わない。

ところがたとえば英語だったらメイル（male）、フィーメイル（Female）をそれぞれ、オスにもオトコにも、またメスにもオンナにも、動物、人間の区別なく用いることができる。すなわち、日本語は人間と動物との間に大きな差別を設けている言語だといえる。

だから、もし「あいつはメスだ」というのと、「あいつはオンナだ」というのとでは、概念内容は同じであるが、前者は、動物専用のことばであるから、人間よりも、より動物に関連させた表現効果をねらっていることがわかる。

言語的公平のためにいっておかねばならないのは、動物の性の区別をメス‐オスで示すのは標準語形にとどまるのであって、私の生まれたところではメン‐オンと呼ぶのが普通だった。こうした地域は全国で決して少なくないであろう。そうでなければメンドリ‐オンドリとは言わないだろうから。自分が飼って可愛いがっているときは、それに「タ」をつけて、メンタ、オンタと呼んでいて、ちょっとかわいいなと思う女の子を呼ぶときには「メンタ！」と声をかける男の子もいた。

さて、サベツにはほとんどすべてのばあいは社会的サベツ――出身地域、階層、職業、民族的、国家的などの――がかかわっているが、それらの土台の原点をなすものはからだから発している。なぜなら、からだは原則的には変えることができないからである。これは人間にとっての深い矛盾であるが、人間は何か変わらないもの、変えようと思っても変えられないものを、アイデンティティなどといって、異常に重んじるという保守的な性質をもっている。アイデンティティほど、人間を不動のものにしばりつけて、精神の苦しみを与えるものは他にないのにである。アイデンティティを重んじるかぎり、人間は運命などという、不合理の重圧から逃れることはできない。ちょっと力をこめすぎていってしまったが、私はアイデンティティを重んじない人間ではなく、その逆である。

そうであればこそ、この問題を、つまりアイデンティティをまもることは、人間にとってどういう意味があるのかを一度はほりさげて論じてみたいと思っている。とにかく、変えやすいものから変えにくいものへという順序で、サベツの価値は高まっていくのである。

ここで私は、いつかは、もっとアカデミックにとりくんでみたい、からだの欠損を表わすための特有の表現が気にかかっている。それは「カタ-」を接頭辞とする一連の表現である。ことわっておかねばならないのは、このことばにはじめて注意を向けるきっかけを与えたのは、ハンガリー語学者で、私に言語学の手ほどきをされた徳永康元先生である。今から四十年近くも昔、先生はたしか『国学院雑誌』に「片目考」という論文を発表され、私にそれを示して、モンゴル語にカタテとかカタメとかいう言い方がありますかと、学生である私にたずねられた。ハンガリー語にはあるんだがと。いま、いくらその論文をさがしても見当たらないのだが、それ以来私の心のカタスミにこの質問はずっとひっかかっているのである。［ちくま学芸文庫版への書きたし：その後、この

『入門』をお読みになったという、神田外国語大学教授の藤田知子さんという方から、『国学院雑誌』のコピーを送っていただいた。またこの論文は、二〇一〇年には『片目考――徳永康元言語学論集』（汲古書院）と題する一冊に加えられた。」

ある時、モンゴル語の小説を読んでいて、戦場で片手を失った兵士が、残った「カタテで銃をかまえ……」という一節が出てきた。ちょっと説明しておくと、モンゴル語における「カタ-」をあらわす語は、それを知らないとジビキでは調べようがない。というのも、ロシア語や英語から引くとしても、これらのヨーロッパの言語には、「カタテ」の「カタ-」を示す語がないからである。試みに、くわしい和英辞典を引いてみても、「カタテ」、「カタメ」のところにはa hand, an eyeというような訳しか出ていない。つまり、日本語などのカタテ、カタメは西洋語には特別の工夫をしないと訳せない表現である。

同じひとつの目を指すにしても、カタメとヒトツ目とはちがう。ヒトツ目小僧というものがあるが、あれは本来一つしか目がないのであって、一つで普通なのである。ちょうど普通の人間をわざわざ「二つ目」とは言わないように。たぶんその目は顔のまん中にあるのだろう。ところが、カタメは本来二つあるうち、一つが欠けていることを示す、実に強烈な欠損の意味を表わす言語的手段である。柳田国男は「一目小僧その他」という論考で、はじめのうちは「今もし両眼の一を盲してゐるのを名づけて一目というたとすれば……」などと、カタメとヒトツメを区別しないで話をすすめているが、論がすすむにつれて、「化物の目一つは顔の中程に怖ろしく大きいのが始めから一つ」あるのと、「傷ついて片目」になったのとを区別するに至っている。

徳永論文は、その頃の雑誌の号が、私の大学の図書館には欠けているので、今はそのかわりに私の座右の書の一つ、フォーコシ＝フックスの『言語の親縁関係問題におけるシンタクスの役割』（一九六二年刊、独文）を参照するにとどめる。ここにはハンガリー語、ヴォチャーク語（今日ではウドムルト語と言いかえられる）、チェレミス語（同様にマリ語）、サモエド諸語、ヤクート語（同様にサハ語）、チュワシ語、モンゴル語、ツングース諸語から、数々の「カタ-」にあたる表現が集めてあるが、日本語がここにあがっていないのは、著者が日本語を知らないという単純な理由によるものだろう。

「カタ-」は、本来二つではじめてそろいになっているもの――それはまず人体にそなわった器官と、そこにつける服装であるタビ、手袋、ソデなどにおよぶ――のうち、一方が欠けていることを積極的に示す言語的手段で、フォーコシ＝フックスは、この表現類型をウラル・アルタイ諸語の共有財産としてあげ、それによって、これらの言語相互の起源的な近さをいおうとしているようである。

かれは、「カター」で表示されたものは、単数というよりはむしろ半分だと説いている。だから、カタメは「一つメ」ではなくて、強いて言えば「半分のメ」というふうになるであろうと。

日本語ではさらに、対《ツィ》の一つを示すだけでなく、「カタイナカ」のように、どこか中心からの「カタヨリ」を示す方向へも発展している。この問題は、独立の論文で別に扱うほどのねうちのあるものであり、もしかして私が知らないだけで、どこかの大学の国語国文学科の学生が卒業論文でとりあげたことのあるテーマかもしれない。「カター」を使った造語のうち、「カタテオチ」は、サベツ語糾弾運動の中で利用されることの多かった語である。それがサベツ語だと指摘した人はたぶん、カタテが落ちると解釈して、その解釈をおしつけ、ひろめた結果、テオチにカタがついたという、よりあらまほしき解釈を暴力的に押しのけてしまったのであろう。その結果はなかなか由々しきものだ。少し前、私の大学でも、博士論文の審査報告で、審査員が、全体としてはすぐれた論文だが、これこれの問題を扱っていないのはカタテオチであると報告したとき、すかさず、そのことばはつつしみなさいという指摘をした教授がいて、結局それに従った。

その時、私はテオチといえばいいではないかとも思ったが、それでもなお私にはいやなことばであると感じられた。おそらく、そのようなことばが発せられるであろう場面を連想させるからであろうと思う。こんないい方は未練なく、さっぱりやめてしまっても惜しくはない。

以上のところで私が言いたいのは次のことである。サベツ的と感じられるある語が、単に個々の単語にとどまらず、文法そのもの、あるいはそれに近い部分に組み込まれているようなばあい、いいかえれば、その言語の中核的な特色となっているようなばあい、いったい文法までも糾弾することができるかどうかである。そんなバカな、と思う人もあれば、それをラジカルに追及する人もいる。一部のヨーロッパ語では、性が文法にとり込まれているから、ラジカル・フェミニスト言語学はそこをつく。そうすると、文法のかなりの部分が解体してしまうが、もしそうなったら文法そのものを作りなおせばいいじゃないか、という考えかたもあるが、それをはっきりいった人を私はまだ知らない。

日本語で問題にすべきは、権力関係を反映し、固定し、再生産している敬語法であると私は思っているが、サベツ語糾弾運動をやっている人でさえもそれは美わしい日本文化の一部であるとたたえるかもしれないからこの問題にはふれないでおく。私はおだやかな人間であるから、サベツ語キューダニスト以上にでしゃばろうとは思わない。

以上で、サベツの表現価値に関しては、「カタ-」のように、欠如を積極的に示すことによってある意味ではサベツ専用の語さえあることを示した。この『入門』をさらに続ける機会があれば、この欠如表示専用の語、そのうち比較的罪のない「ハゲ」からはじめたいと思う。

「場所をかえての連載」にあたって

『小説トリッパー』と題して朝日新聞社が発行している、あまり世間に知られることのない季刊の文芸誌がある。私も全く知らなかったこの雑誌の編集長の強いさそいを受けて、一九九七年秋季号、同冬季号の二回にわたって「差別語入門」を連載した。その内容をふりかえってみると次の通りである。

序　説　差別語の発見
第1講　言語ニヒリズムの邪道
第2講　ことばは人間が作ったものだから人間が変えられる
第3講　蔑視語と差別語
第4講　サベツ語糾弾が言語体系にもたらす結果について
第5講　「オンナ」で考える――サベツ語と語彙の体系性
第6講　「片目」で考える――欠損を表わすための専用形

私がこの「入門」をくわだてた目的は、サベツ語をめぐる議論を、糾弾したり、糾弾からうまく身をかわすための戦術を考えるためではなくて、サベツ語と呼ばれる現象をきっかけにして、ことばというものの本質と原理をもっと深く考えてみようではないかというところにあった。近頃サベツ語問題も下火になったなどといっている人もいるが、だいじなことは下火であろうと上火であろうと、考えるべきことは考えておかなければならないのである。すくなくともあのできごとは、言語の問題で人民が自己主張を示した、日本語史の上でのまれな経験だった。そこで私は言語学、言語研究の専門的な著作なども視野におさめながら、高度の教養講座、いってみれば、「サベツ語からはいる言語学入門」を心に描いていたのである。

今回、掲載する第7講、第8講は、第6講に続くべきものとして朝日新聞社『トリッパー』誌に送ったものであり、私としてはいよいよ論佳境に入った、悪くないできだと思っていたのであるが、『トリッパー』誌のくだんの編集長は、自分が注文した原稿をまことに唐突にも、「これは雑誌に掲載しない方がよろしいと判断いたしました」という手紙とともに送り返してきたのである。その「方がよろしい」の理由を手紙のなかにさがしてみても、「第8講略語についての項においてとりわけ、大きな差別語の問題に対して、つよく説得的な論が展開されていないのではないかと思われます」とあるだけである。

いったいそれまでの第6講までだって、私はとても「つよく説得的な論」など展開はしていない、むしろ、やっとこの第8講で、いくぶん「説得的」になってきたのではないかと思っていたところである。

私は、これまでの経験やいろいろな状況から、次のように推定した。『小説トリッパー』は作家先生たちが寄りつどう場所であるから、私のやる議論はこの作家先生たちの気に入らなかったのであろうと。そしてこの推定はあたっていると思う。そこで私は、かねてから『部落解放　なら』の編集部から寄稿を求められていたことを思い出し、とりわけ編集者が、わざわざ奈良からたずさえて来られた「柿壽《す》賀《が》」という、うまいお菓子の味を思い出したので、『トリッパー』から送り返された原稿を、そのままここに掲載していただき、ここに「入門」の連載を継続することにしたのである。

今回のできごとを通じて明らかになったのは次のようなことだ。ものを書いて生活をたてている人は、作品の発表を妨害されることを何よりもおそれているので、「言論の自由」を声高にとなえる。だからサベツ語を使ったと糾弾を受けるのは大変おそろしいことだし、そのことはよくわかる。しかし、もっとおそろしいのは、有力作家たちの手足となって、その利益を代弁し、出版における共存共栄の実をあげるボス支配体制である。私は作家で身をたてようとしているのではないから、こんなこともあるのかなくらいですむが、そうでない人にとっては、サベツ語糾弾に立たされるのとは比較にならないほどおそろしいことであり、またこの種の作家と出版支配こそは「言論の自由」の恒常的な破壊勢力であると思う。

このようないわれをもった、今回の「入門」第7講と、特に「つよく説得的でない」からと掲載がことわられた続く次の第8講を、読者は格別の関心をもって、慎重に味読していただくようお願いしたい。

第7講　ハゲとメクラ——欠如詞（privativa）の概念を検討する

前講で、カタメ、カタテなどの「カタ-」は、西洋の諸言語などには存在しない、いわゆるウラル・アルタイ諸語の一部や日本語だけに恵まれている、めずらしい言語的財産であることを述べた。それは、元来二つで一組、あるいはそろいになっているべきもののうち、一方（すなわちカタ方）が欠けていることを積極的に示す、それ専用の接頭辞である。ところで今ここでつい出てきてしまったソロイというのも、多分にサベツ的効果を含んだ語である。なぜなら、それはただちに「不ゾロイ」を前提とし、どうしても不ゾロイな欠損状態が補われてソロウことを期待する語、すなわち、ソロワない状態をそのままでは認めない語であるからだ。

このソロウを和英辞典はどのように英語になおしているかを見るに、「コンプリート（complete）になる」とか、「セットになる」というふうな訳語をあてている。このばあいのソロウは、有限個でまとまりをもつものについて、たとえば「全三十冊がソロった全集」というふうに用いられるかぎりは、このコンプリートは単純でよくわかるが、しかし「おソロイの洋服」などというのはコンプリートではわかりにくい。話がこみいってくるからこれ以上はふみ込まないことにしよう。私がここで言いたいのは、「カタ−」は、「ソロイ」の一方が欠けていることを積極的に示し、「ソロイ」はたとえば「カタオヤ」ではないことを積極的に示すところの、「完全」であるべきことへの期待度が極めて高い表現であるということだ。だからこそ、ソロイは、欠損を深く暗示せざるをえないのである。

このようなわけでサベツ語というものを、本格的にとりあげようとすれば、通りいっぺんの一覧表なんかからはうかがい知ることのできない、言語の深奥部にふれざるを得ないことがわかる。

こうした欠損、あるいは欠如（の状態）を表す語のわかりやすい典型例として、まずハゲからはじめよう。

先日銭湯に行ったところ、『１０１０』という、東京都公衆浴場業環境衛生同業組合発行の宣伝誌をもらった。「１０１０」という変わった名前は、「銭湯の日」ときめた十月十日にちなんだものだという。この二十八号には「特別企画」と銘うった、「女性のハゲ急増時代の革命的育毛法大公開」というのがあった。私がわざわざこういうことを書くのは、一つには無料配布のこの冊子が、有名大週刊誌に決して負けない魅力的な特集をしていることをひろく知ってもらうためであり、また何よりも、「ハゲ」は告発を気にしないでのびのびと自由に論ずることのできる語であることを保証してくれているからである。

さて、このハゲということばを私はいつ学んだか。記憶の糸をたぐってみると、私の家の店員さんの一人に、まだ若いのに、相当アタマの光っている人がいた。私の父は、シローさんのように毎日石けんをつけてアタマを洗いすぎると、あぶらが落ちてああいう風になるのだ。頭はよほどのことがないかぎり洗わない方がいいと説いた。私は実際その教えを守ってきたおかげで、いい年になってもまったくハゲの兆候はない。この説をたてた父自身は、九十五歳の今も、髪もちゃんとあるし、その色も私よりはずっと黒いから、なかなか説得力があるではないか。もし父の説がその通りならば、今の朝シャン族がそれ相応の年齢になったときには、世の中は相当に明るくならなければならないはずだ。

しかしもっと強烈な記憶は、疎開で神戸からやってきた同い年のこどもが、山の一角をさして、「あの山のハゲているところ」と言ったときだ。その時私は、都会のこどもは何という気のきいたことを言うものだろうと感嘆したものだ。人間のアタマのハゲを、山に移転して考えるなどとは、まだ言語体験の豊かでないいなかのこどもにとっては、すぐには受け入れられない衝撃であった。その後戦争がいよいよ負けに近づいたころ、「まるまる坊主のハゲ山は、いつでもみんなの笑いもの」という歌が作られ、杉の植林が奨励された。この歌は、ハゲを笑いものにするイデオロギーを注入する、極めて教育的な童謡だったといわなければならないだろう。

それに対して、ムソルグスキーの「禿げ山の一夜」などという曲の題名に登場するハゲは、実際にその曲を聞く以前から何ともいえない鋭いイメージを与えている。この曲のもとになっているというロシアの民話にさかのぼって考察してみなければならないところだが、このハゲは、決して、「やかん頭」、「キンカン頭」などのイメージとは結びつかないのである。

ハゲを「盲目」や「ハダカ」などとともに、「欠如詞」という特別の意味論的カテゴリーにまとめて考察する方法を、私はエルンスト・ライズィの『意味と構造』（鈴木孝夫訳、一九六〇年、研究社刊。原著は *Der Wortinhalt* 五二年、増補版六一年刊）から学んだ。

ライズィは、この概念はジョン・ロックの『人間悟性論』（一六九〇年）に由来するものだとした上で、「普通の、正常なものと比べて、ある〝もの〟ないし性質を欠いていること」を積極的に示すことを欠如詞の条件とすると述べている。読者の中には、ではこの「普通の、正常なもの」とはいったい何か、といったような議論を持ち出す人が必ずいそうなので、そういう議論にからまれることを避けるために、ここではとにかく、原著では「das Normale」となっていると述べるにとどめておいてさきへ進む。つけ加えておけば、訳者の鈴木さんは、ドイツ語では一語であるこの「ノルマール」を「普通の」「正常の」と二語で言いかえており、よりわかりやすくするために工夫をされたことがうかがえる。

さて、ライズィのいっている「条件」をハゲにうつして考えてみると、頭が「ハゲている」といいうるのは、頭というものが本来は、「毛がはえていることを常態とする」という共通理解を前提としているためであって、だからこそ「顔がハゲている」とはいわないのである。そこはもとから毛がはえていないことを常態としているのだから。逆に「あっ、あの人、顔に毛がはえている」とこどもがいったとしたらそれは自然な驚きにあたいする文であり、有意味な発言となる。

こうした常態、欠損の感覚は、こどもがまわりの意味的世界をモデルにしながらおのずと獲得していくものだが、それはいつでも同じとはかぎらない。私の場合は、それとはちょっとはずれていることに気がついている。私が今も持ちつづけている感覚からすれば、アタマとカオとの関係において、「本来、毛のはえていないところはアタマではない」という認識を強固に持っていたので、「サカナはアタマも食べなさい」といわれたとき、「それはどうしてもアタマではなくカオだ。何よりも毛がはえていないではないか。おまけに目もあり、ほっぺたもあるから、正しくはカオと言うべきだ」という強い主張をもちつづけて今日に至っている。今でも、「魚のアタマ」といういいかたには、どこか間違いがあるという思いを拭いきれない。

目や口などがあれば、そこはもはやアタマではないという、私のこの「カオ」についての把握のしかたが全く不当でないことは、例えば『岩波国語辞典』（第四版）が、カオは「頭部の前面、目や鼻や口がある所」というふうに保証してくれている。しかし、そこにどう「毛」がかかわってくるかという問題では、まだ疑問はちゅうぶらりんのままで気持ちが落ちつかない。

もう少し、この不安をとり去ってくれる説明はないものかとさがしてみると、「人間・サルでは毛が顕著に生えていない」（『新明解国語辞典』第四版）というふうに、「毛」問題では「人間・サル」に限定する試みがありうることがわかる。この記述はまだ十分ではないとはいえ、他の国語辞典で、カオと毛の関係について言及したものを私は知らない。

人間のカオには毛が生えていないということに鋭い観察眼を向けたのは漱石の猫である。この猫は、「人間というもの」をはじめて見たときに「妙なものだと思った感じ」をこう述べている。「第一毛を以って装飾されるべきはずの顔がつるつるしてまるで薬《や》缶《かん》だ。その後猫にも大分逢《あ》ったがこんな片輪には一度も出会《でく》わしたことがない」(岩波文庫版)と。猫の常識からすれば人間のカオはハゲていて欠損状態を呈しているのである。

こうした考察は、ライズィにおいて欠如詞というかたちでよくまとめられており、私たちは氏の卓見に感謝すべきではあるが、ハゲにおける欠如とメクラにおける欠如とは相当にちがっているので、それを同列に論ずるのは、分析がまだ荒いと思われる。ハダカの欠如はメクラにおける欠如からはさらに遠いものであって、この場合の欠如は、衣服その他の人工物によって容易に補うことができるのである。だから一般的な意味論としてはライズィに満足していいが、サベツ語意味論としてはさらに困難な一歩を進めなければならない。

以上のように述べながらも、私は多くのいうべきことを省略してきた。何よりも、「ハゲ」と簡単にいっても、まず言語ごとに意味論的な価値が微妙にことなり、さらに文化の背景がことなるということである。つまり文化によって、ハゲという欠損が嘲笑の対象になるだけでなく、それ以上に畏敬の対象にもなるという場合もあるということが生じる。そのことをメクラを例に考えてみたい。

まずハゲは人間の頭から他の場所へ移転されて複合語を作ることは少ない。思いつくかぎりではさきほどのハゲ山、それにハゲタカくらいで、ハゲモグラだのハゲウサギなどは考えられない。このことから見るかぎり、ハゲることは人間の特権に属しヒト類を特徴づけるものであるといいうるかもしれない。

しかしメクラの方は実に多産で、メクラウナギ、メクラグモ、メクラヘビなど、眼が退化した動物の標準的和名として採用されている。ほんとうは日本語史にくわしくあたってからいうべきであるが、これらの動物名は、古くから日本語にあったというよりは、ヨーロッパから生物学がとり入れられたときに、その翻訳によって生じたものであろうと思われる（blind fish, blind snake などから）。さらにまたヨーロッパ語には、このメクラを、動物のみならず無生物——主として建築物——にまでひろげて多用するさまは日本とは比較にならないほどひんぱんである。

たとえばドイツ語のブレンドボーゲン（Blendbogen）は、壁がまるで窓のようにボーゲン（アーチ）状に作ってはあるが、そこがあけてなくて、単なる装飾であるところを、またブレンドフェンスター、同じく英語でいうブラインドウインドウ（Blendfenster, blind window）は、壁が窓の形につくってはあるが、やはりそこはあいておらず、単に飾りになっているだけのものである。日本語で言えば、ダテ窓あるいはニセ窓とでも言えるであろう（ここでブレンドなどを発音どおりにブレントと書かないわけは、音素論的考慮による）。

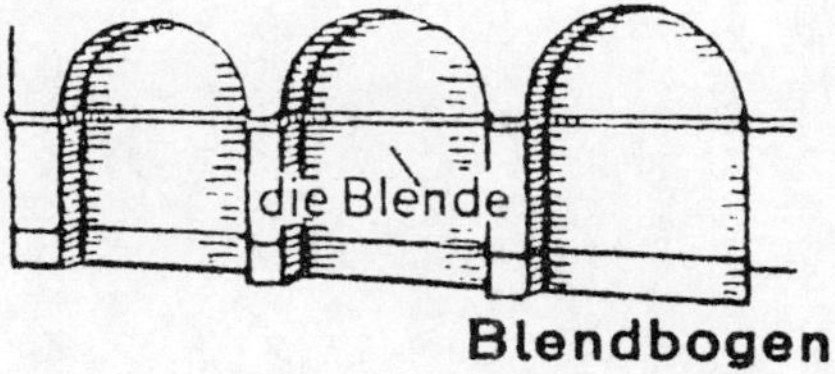

ドイツの辞書 Der Sprach-Brockhaus, [7]1964, 98ページに載っている「ブレンドボーゲン」（ダテアーチ、ダテ窓）

特筆しておかねばならないのは「メクラ腸」（Blinddarm《ブリントダルム》, blind gut《ブラインド・ガット》）である。日本語ではこれを直訳して「モーチョー」として用い、だれでもがこの語を知っており、また日常的に使ってはいるが、そのモーがメクラだということまでには多くの人は思い至らないのである。

もし日本語が、漢字・漢語を使わない言語であって、モーチョーではなく、わかりやすく「メクラチョー」あるいは「メクラ・ハラワタ」つづめて「メクラワタ」と訳してあるならば、私たちはいやでも、このドイツ語、英語の、ブリンドもしくはブラインドの根本的な意味について考えなければならなかったであろう。

ドイツ語のブレンドフェンスターに現われるブレンド

は、ブリンド（英語のブラインドにあたる）の古形で、「まぶしく光を当てて目をくらませ、見えなくさせる」という意味にとっていいだろう。ドイツ語の語源辞典によると、金髪を表わすブロンド（blond 明るい髪の色）は、ブレンド—ブリンド—ブロンドというようにe-i-oという母音の交替によって、クラマす、メクラと一つにつながれている。この点日本語のメクラ、クラマすなどの語源にも考えなおしてみる余地があるかもしれない。それらは「暗い」というよりも、「まぶしい」方に結びついているといえるだろう。このことによって、私はメクラをモーなどという漢字語ではなく、そのまま用いることの多いヨーロッパ語のメクラは明るく、日本語のメクラは暗いなどといおうとしているのではない。現象としてのメクラは西洋も日本も違いはないが、その現象のとりあげかたは言語によって同じではないということを考えておきたいのである。

いくぶん語源が問題になってきたので、ここで例の白川『字通』によって、クラムと訓読みする漢字「眩」の意味をしらべてみると、そこには「まばゆい、かがやく」と並べて、「くらい」があげてあるのは、意味の説明としてはなんとも異様に感じられる。まったく逆の意味をもつこの二つがどうつながっているのか、つながっているとすればそのつながりの構造はどうなっているのか、blind~blond の場合とあわせて考えてみる必要があるだろう。

そこで今度は、クラマセルとは明らかに異なる意味分野を持つ「メクラ腸」のばあいのメクラはどうかと考えてみよう。それを理解するには西洋語の「メクラ道」(blinde《ブリンデ》 Gasse《ガッセ》, blind road《ブラインド・ロード》) が、実物としては日本語の「袋小路」「行きどまり」にあたるところをみると、この場合のメクラは「通っていない」「通りぬけられない」「つまっている」という点からとらえていることがわかる。

あとでも一講を設けてふれるつもりであるが、私はこうした語源解釈に過大な意義をになわせることは、特にサベツ語論議にとっては極めて有害であり、大いに警戒しなければならないと思うが、他方では、やはり、メクラとブリンド（あるいはブラインド）が、文化心理的深層において決して等価ではないことは、一つには語源的背景がことなるかもしれないことも念頭に入れておくべきであろうと思う。

第8講　略語のサベツ効果について——「北鮮」から「ヤラハタ」まで

一九八四年に、明石書店から、『朝鮮にかかわる差別表現論』という冊子が出た。これが編まれた動機は、「出版社としての自己批判と今後への決意」と題した明石書店編集部自身の名による冒頭の一文からわかる。それによると、同書店の出版物の中に「北鮮」「南鮮」という差別語が安易な形で記述されたまま出版」されてしまったことについて、「出版社としての自己批判を具体的な形で明らかにするため」であるという。

本冊子の中の、内海愛子さんの「「北鮮」の用語に見る日朝関係」という一文は、今から十数年前の、「北鮮」という語と、それで指される国家をめぐる当時の雰囲気をよく表わしている。すなわち、一九七四年当時、「石原慎太郎が国会質問の中で「北鮮」を連発し」、八四年には、今度は「中曾根首相が「北鮮」を連発した」そうである。

内海さんのこの論文を、今読みかえしてみて感慨深いのは、一九七五年に「筒井康隆という小説家」が「差別語について」という一文の中で「北鮮」と書いたことに抗議を受けて「怒り嘆いている」と述べられているところであって、なるほどかの断筆作家のサベツ語とのたたかいの歴史にはいろいろな伏線があったんだなあと思われる。おそらくこうしたもんちゃくがたびたびあって、「北鮮」や「鮮人」は徐々に辞書の項目から除かれることになったのであろう。

ところで格別の興味を引くのは、多くの日本人は「北鮮」を「朝鮮民主主義人民共和国」の略称だと思っているが、実はそうではなくて、「蔑称」だと内海さんはとらえていることとである。この議論はかなり複雑であるから、慎重に資料を整理してかからねばならないのであるが、一つだけ私によくわからないのは、「国家の蔑称」というところだ。民族には豊富な蔑称があるのが常だが、「国家」については聞いたことがないからである。

そんな例が他にあるだろうか。強いてあげれば、中国は満洲国のことを「偽満」と呼んでいるが、そのアッピールの強さからいえば、むしろ「罵称」と呼んでもいいくらいだ。北朝鮮を扱った、『凍土の共和国』という題名の本があったが、この方がはるかに問題ではないだろうか。なぜなら、そこは春になれば花も咲くし鳥もうたい、年がら年中こおっているわけではないのだから。今でこそもう使われなくなったが、「岩手県は日本のチベット」などという言い方があった。こういういいぐさが一度できると、岩手県もチベットも知らない人が、平気で使っているうちに、定まった効果をもってくる。差別語誕生の現場を見るようなおもしろい例だ。しかしこの「チベット」は中国に国家を作らせてもらえない、単なるエスニックな空間をさしていて、国家の名称ではない。

しばらく前まで私たちは、南であれ、北であれ、朝鮮と呼んできた、この同じ民族の住む地域に、北とか南とかをつけて呼ぶことは民族の潜在的な統一を示していて――なぜなら、全体があればこそ北と南なのだ――むしろ好もしいことだと思っている。ちょうど、東独、西独と呼んでいた二つのドイツが一つになれたように。ところが、ここでは統一してから後に、もと東独部の人間をオッシーと呼ぶ差別語が現われたという。「オスト」(Ost- 東の)をこのようになまらせた言い方なのだそう。外国人がそう呼ぶのではなくて、自国内の同国人の間でである。このサベツは深刻だ。しかしオッシーは東独という国家の蔑称ではない。そこに住んでいた、あるいはそこの出身の人間のことを指しているのだから。

さて、この「北鮮」問題における問題の核心は、「北」ではなくて「鮮」の方にある。「朝鮮」という二文字のうちの、下を略すのではなく、上を取り去ってしまったところにゆゆしい問題があるらしい。

シナ語には、二つあるいはそれ以上の漢字をつらねて作った地名・国名などは、一つを残して他を省くという造語の習慣がある。こうして日米関係とか日墨協会（日本と墨西哥《メキシコ》）などの語が生まれるが、といって、これらの国は特にコメやスミ、スズリなどを特産品としているわけではない。カナ文字のない言語では、単なるオトを写そうとしても、とんでもない意味が入ってくるのを避けるわけにはいかないのである。日本語にはカナ文字があるのに、中国でつけた字をそのまま輸入したからこんなふうなことが起きてしまうのである。

以上、漢字の性質を説明した上で、本論に入る。まず、さきほどの冊子にやはり一文を寄せた土方鉄さんは、「英国人、米国人、ソ連人などという表記がされているが、上を略する例はない」と述べ、その例に反した「鮮人」の不当さに抗議している。実は「上を略する例」がなくはないことは後で述べる。

この「上を略する」問題は、内海愛子他編『朝鮮人差別とことば』（一九八六年、明石書店）においては、もっと激しく訴えられていて、そこには、次のような文が引かれている。

〝鮮人〟日本人は私たち朝鮮人のことをこう呼んだ。それは、頭がない民族だから、上の〝朝〟の字はとってしまったというのである。おお！　頭のない民族。日本人は、

自分たちの手で、朝鮮人の頭をふみにじり揚句のはてに頭をとってしまった。(車潤順『不死鳥のうた』小峯書店)

これは、「鮮」をやめろという運動の品位を重んじようとする人にとっては読んでいて、はずかしくなるような文章ではないだろうか。二字からなる漢字のうちのどっちを省くかについては、まじめくさって多数の類例を集め、そこから結論をみちびき出した研究が、国語・国文学専攻の卒業論文などの中にはあるにちがいないと思うが、いま私はそれをふまえず、あてずっぽうにいってしまうと、おそらく意味の中核部の方を取り出して、添え物的、あるいは修飾的部分の方は捨てたのではなかろうか。そしてまた同時に、他の同じ形になってしまう省略語との衝突を避ける配慮もはたらいたであろう。

たとえば「京阪」、「阪神」などというときの阪は、「大阪」のアタマの「大」を捨て、「阪」という身の方をとったケースだ。「大」は意味の上で単なる飾りであるから、どちらかを残すとすればそうならざるをえないと思う。

「セイノー」という運送会社があるが、これは引越し荷物をかつぎあげるときの元気のいいかけ声ではなく「西濃」のかな書きであるらしいが、ここに現われる「濃」は、「美濃」の下をとったものである。あわせて思い出される「ノービ」平野もやはり、美濃の「頭をふみにじり」、代わりに尾張のアタマをくっつけて合成したものである。どうも「美濃」という国はアタマをとられる運命にあるらしい。

こうした例はあげていくときりがないが、私の地元で言えば電車の京王線は、東京からアタマを取り去っただけではなく、八王子のアタマ（とシッポまでも）を取り去ったもので、いずれもアタマ無しの、かわいそうな「おお！　頭のない電車」だということになってしまうだろう。といって、いまさら「トーハチ」線などと言いかえるわけにもいかない。

サベツ語という複雑な現象を、だれもがなっとくがゆくように論ずるためには、具体的な類例を互いに比較し、石と玉とを見分ける作業をやらずに、「おお！」と嘆いてばかりいてはその正体にせまることはできない。朝鮮の「朝」をとり去ったのは美濃の「美」をとり去ったのとおなじ原理であって、二語のうちの修飾的部分だと意識されたからではなかろうか。「日本」についても、ことによると「ポン語」だの「ポン人」だのが習慣化することも可能性としては起こり得たかもしれない。

しかし、問題は、こうした客観的な原理から現われ出た結果であっても、その使用の実際の場面から生じた受けとり方は、言語の原理からでは説明できない。特別の状況から来る感情価値を帯びることがあり、そしてこれこそがサベツ語を論じる際のむつかしいところである。だから私はこの『入門』のはじめのところで述べておいたように、サベツ語には言語の次元では説明できず、もはや言語学者の手のおよばないところがあると、前もってことわっておいたのはそのことである。そのような場合はサベツ語だとする一派とその反対派との間で綱引きでもして決めるしかないのである。

さて、私がここまで書いてきた動機は、じつは「北鮮」や「鮮人」の鮮そのものに関心があったからではない。ほんとうの問題は、そもそも、ことばを省略する、略語という、より一般的で極めて現代的な問題のことである。

現代は略語にあふれた時代だ。こうしているうちにも次々におそるべき量の略語が生まれている。漢字の略語ならば、字をたずねれば、何を言おうとしているかがほぼ推測できるが、ローマ字アルファベートのは、わかろうとしてもとりつく島もない。先日もある「院生」——これも「大学院生」の「アタマをふみにじ」ってできた略語である——が、「ＳＴ《エステイー》の立場としては……」というようなことを言った。私はその時の話題や話し手のしごとのことを考えてから、はたと、これはスピーチ・セラピスト（speech-therapist）、つまり「言語治療士」の英語の略語であるなと思いあたった。

この人が、日夜、そういう施設に入りびたっているからといって、また、つい先ほどまでそんなふうなところで仕事をしていたからといっても、これはちょっとひどいではないか。こんな言語感覚の人に言語を治療されたらとんでもないことになるぞと思ったものだ。たとえ職場でこういうジャルゴン（ヤクザや学者などが使う、仲間うちのツウのことば）を使いなれているとしてもである。

こういうような略語は、使っている人にはきもちがいいかもしれないが、その代償として、その聞き手と、自分あるいは自分たち専門集団の間に深いみぞを作り出してしまうだろう。すなわちあらゆる略語は、潜在的な境界線と差別的な空間を作り出す方向にはたらき得るものだ。

この問題をとりあげたのは、有名な指揮者オットー・クレンペラーの兄で、言語学者のヴィクトル・クレンペラーだ。彼はナチズムの言語を分析した名著『第三帝国の言語〈LTI〉——ある言語学者のノート』（一九四七年刊。邦訳七四年、法政大学出版局刊、英訳はやっと最近になって出たばかりだ）において、特に一章をたてて略語の問題をとり扱った。略語は間違いなく、社会言語学の重要なテーマであるが、この問題を、クレンペラー以降五十年以上もたつのに、するどくとりあげたような人は、とりわけ日本にはいないのである。クレンペラーは、略語の形態のみならず、それを使う際の独特の心理にも関心をむけ、次のように述べている。

専門用語の略語を使う者は……程度の差はあれ、あるいは意識的であれ、無意識的であれ、自分は特殊な知識、特殊な関係によって一般の大衆から一段と抜きん出て選別された人間として特別な共同体に属しているのだ、という心の暖まるような感じを持つようになる。

著者はこう書いた後に、商業、工業などの「業務上の必要から」略語に対する一般的需要があることもたしかだとことわっているように、「心の暖まるような」特別の感情を伴わないものも、どんどん増えている。とはいえここに記されているような感覚はたしかにつきまとっている。ましてやこの本が書かれた半世紀以前と今とでは、略語への需要度は格段にちがってきた。しかし、略語は「パソコン」のような「業務上の必要」にとどまらず、「マザコン」のような領域にも深く浸透し、サベツ語世界に新たな領域を切りひらく可能性をもっている。

先日、ことばに関するある研究発表会の席で「ヤラハタ」(語源はヤラズニハタチニナッテシマッタ)という若者ことばが紹介された。こうした略語の心理は極めて多面的であるが、若者にとって抑圧的である社会に対する抗議の気持ちを含んだ、境界設定的な動機があることはたしかであり、便宜だけではない、一種のイデオロギー的行為である。

そのことを感じとるからこそ、社会はこうした一連の若者ことばに苦々しい気持ちや敵意をいだくのであろう。それにくらべれば、「北鮮」はイデオロギー的というよりは、はるかに「業務上の必要」に近い起源をもっていたのではなかろうか。

略語の一般的な不都合は、それを知らないと仲間に入れてもらえないという点にある。「ヤラハタ」のようなことばは、決して低俗とは言えない学問のような知的に高いレベルのところでは、もっとたびたび起こる。それは略語が英語であったりするせいで、差別的な効果は一層大きい。ところが、知らないことばがでてきても、あえてとりたてて問わないのが淳風美俗であるとされている。その効果はといえば、心がなくてもやれる、ままごと学問とその従事者とを保護することだけである。

略語でまくしたてる人たちにとりまかれたとき、それが専門家会議でもないときには、最低限、それはどういう意味ですか、何の略語ですかと聞いてみる勇気をもとう。すると、聞かれた方は、案外、うまく説明できないものである。そうして、略語になる前の段階のところからもう一度考えなおしてみると、新しい発見や思いつきが生まれるものである。

話を「北鮮」にもどすと、それを糾弾する人たちの努力があってこそ今日見るような成果を生んだのである。八八年に発行された『大辞林』には「北朝鮮」は出ているが「北鮮」は見出しにない。これをより伝統の古い『広辞苑』とくらべてみよう。一九九一年刊の第四版には、「北鮮」は出ている。

一年ほど前に、ごみ捨て場に『広辞苑』が捨ててあったので拾い上げてみると、第一版とあった。今は古くなったものは、断捨離といってなんでも捨てるのが美徳になってしまったが、こういう古いジビキはなるべく捨てない方がよい。拾っておいたおかげで、今それが手もとにある便利さから、開いてみると、そこには「北鮮」の第一の意味として「北朝鮮」と説明してあるが、この「北朝鮮」は引いても見出しにあがっていない。第二の意味として、驚くべきことに「北鮮人民共和国の略」とある。そして「北鮮人民共和国」の項には「朝鮮民主主義共和国」となっていて、ここからは「人民」がぬけていて、この部分には一つとして正式の名称が出ていない。

この第一版は一九五五年に出たものであって、私がごみ捨て場から拾ってきたのは一九六六年第十八刷のもので、今からみるとずい分昔のものだが、十年以上もそのままで通用していたことに驚かされる。

しかしこの第一版『広辞苑』の名誉のために書き忘れてならないことは、別のページには「朝鮮民主主義人民共和国」と正しい名称をあげ、それについてきちんと記述していることだ。

　以上のことからみると、問題は単なる編集上の不注意から生じたもののようであるが、一九五〇～六〇年頃、『広辞苑』すらもが「北鮮人民共和国」を正式名称としてあげていたことは、今からみると大いに注目すべきことだ。こういう背景を理解すれば、「北鮮」をサベツ語だと言った人の気持ちも理解できるのである。

　ここで私は、便乗して自分の専門を持ち出すのははしたないからいわないけれども、モンゴル人民共和国が、「外蒙」だの「外蒙共和国」と長年いかにたたかってきたかを思いだす。その際、「北鮮」の論者たちは、同類の問題であるにもかかわらず、これには全く関心を示してくれなかったのである。自分のことしか考えていない、こころのせまい人たち！

『朝鮮にかかわる差別表現論』は二回にわたるシンポジウムをまとめたものだという。私はこういう催しが行なわれたのは有益であったと思うが、残念なことに、「鮮」の字について、「上を略する例はない」とか「頭をふみにじられた」とかと慨嘆してすませてしまうのではなく、ちょっと一息いれて水でも飲んでから、「和蘭《オランダ》」のアタマを捨てた「日蘭協会」だの、あるいは「関門海峡」のように、アタマをとられてもおこらないシモノセキの人たちもいるといったような、いくぶん、つごうの悪い例もあるじゃないかと考えるべきであっただろう。

こうした過去の略語をふり返りながら、私たちはこれから先の民主運動や市民運動を注意深く観察しなければならないと思う。そこにとり入れられた外来語やその略語は、運動そのものをエリート化し、官僚化し、大衆の土壌から引き離すのに力を発揮するかもしれないからである。私たちはそういう経験をいやというほど積んでいる。それらは外見上は先進的な運動の中に生じうる、新たなサベツ語に転化しかねないからである。サベツ語摘発運動はさらに深く鋭くすすめられなければならない。そのような運動はかならず私たちのことばの感性と精神をみがき、輝かしてくれるにちがいないからである。

第9講 「トサツ」についての予備的考察

まえがき

朝日新聞社からでている文芸季刊誌『小説トリッパー』に、この「差別語入門」を連載することに話がきまったとき、担当の編集者は、何回目かには、ぜひ「屠殺」についてもふれてくださいねと注文した。出版にたずさわる人が、このことをどう表現したらいいかでとまどっていることは聞いていた。私とて、こうしたらいいという妙案があるわけではないが、ぜひ考えてみたい、興味のある問題だと思っていた。しかし話がそこへたどりつかないうちに、当の依頼した人自身が、突然連載打ち切り処分を通告して来た次第は、前に述べたとおりである（七五ページ参照）。

サベツ語の原理的な問題については、まだまだ書くべきことが残っている。だが今回はそれをあとまわしにして、さっさとトサツの問題に入っていくことにする。とはいえ、ここで決定的な議論ができるとは思われないので、ひとまず予備的考察をしておこう。

1 カラスとコロス

この問題について考えようとするならば、どうしても二つの点から出発しなければならないと私は思う。一つは、トサツというこの呼び方が、このしごとの目的、意義、内容にとってふさわしいかどうかである。これはとりわけ、たやすく感情価値におかされやすいこの種のことばを、冷静に、客観的にとりあげるさいに欠かせない観点である。しかし、それと同時に、ことばの指し示す内容との関係から見ての適切さを考えるにあたっては、そのしごとについての経験のささえがあり、想像の手がかりがあった方がよい。もっと具体的にいうと、自分自身が、そのしごとを引き受けたばあいに、どのような呼び方が、より意にかなうのか。――これが二つめの観点である。この二つの点をたえず念頭におきながら話をすすめることにしたい。

トサツとは、人間が生きものに依存しながら生きていくうえで、欠かせない作業である。とりわけ動物を食べるにあたっては、もちろんタンボやハタケでコメや野菜を作るのと同様に、育て、食べられるようにするのだが、植物のばあいとちがって、動物については、コロスという特別の手続きがどうしても必要になる。

ところでこのコロスということばは、人間を含めた動物についてだけ使うのであって、植物についてはカラスという。コロスとカラスとはヨーロッパや中国の言語では、全く関係のないことばとして示されるが、日本語ではそうではなく、もともとは一つの根から出ている。この二つはコとカのちがい、もっとこまかくそのオトに立ち入ってみると、ko-ka というローマ字書きが示しているように、母音 o と a のちがいだけで区別される。つまりカラスとコロスはイキモノのイノチを終えさせるという共通の根をもととして、アとすれば植物、オとすれば動物をさすようになっている。このように説明すると、なぜ私がこの二つのことばを、わざわざカナ書きにして話を起こしたかが理解されると思う。もしこれを、「枯（コ）」、「殺（サツ）」というふうに漢字で書き、読んでしまうと、両者の根源的なつながりが消されてしまい、日本語が本来持っているイノチのとらえ方が破壊されて見えなくなってしまうのである。

さて、カラスの方は、水をやらないでほっておけばそうなってしまう。しかし、コロスの方は、「赤ん坊におっぱいもやらずに、コロシてしまった」のような使い方もあるが、「コロシてやるぞ！」というように、積極的に意図をもって、外から道具を使ったり、力を加えたりすることを含んでいる。

コロスをやるには、カラスよりも、よほど強い意志と、それを正当化する理由がなければならない。その理由になり得るのは憎しみであり、憎しみさえ人を動かすならば、その結果に至ることは容易である。だから、コロスということばには、当然、憎しみという要素がセットになって含まれやすいから、コロスには憎しみがつきものだという通念ができあがる。

しかし問題はそう簡単ではない。

狩猟と牧畜

トサツということばのむつかしさは、じつはここから出てくる。それは人間が飼って育てた、何ひとつワルサもせず、それどころかかわいくさえある動物を、憎しみなくしてコロサなければならないという、深い苦悩をふくんでいる。それは人類という存在そのものの一部とさえなっているのだから、かりに人類苦といってもいいだろう。

野生動物を、その場でシトメてすぐに食べたりするのではなく、飼いならして家畜にし、それから乳をしぼって横取りし、必要なときにコロシて肉や皮を奪いとるという技術は人類の文明が相当に高い水準に達したときに生まれた。それ以前は、もっぱら野生の動物を追いかけてカリをしていたので、食べ物の供給は不安定であった。

最初に人間が飼った動物はイヌだとかあるいは、ちょっとおくれてネコが登場したとかという説もあるが、しかしそのいずれもコロシて食べるのが主たる目的ではなかった。ほんとの家畜らしい最初の家畜はトナカイだったという、有力な説がある。メンヒェン゠ヘルフェンという人は、そのトナカイがはじめて家畜にされたのは、南シベリアからモンゴルの北辺にかけて広がる、トゥバの森林地帯であったと推定している(田中克彦訳『トゥバ紀行』岩波文庫、七二ページ以下)。その当否はここでは論じないことにしておくが、とにかく今日でもトナカイは乳をしぼったり食べたりするだけではなくソリを引き、人を乗せたりもするので、それに続くウマやウシの利用法も、トナカイをモデルにして生まれたのだという。トサツは単に動物をコロスという意味では使わない。イノシシやシカを追ってコロシても決してトサツとは言わないのである。飼育家畜だけについていわれる「トサツ」にあたることばは、もちろん、家畜の発生以前にはなかったはずである。

したがって、家畜飼育に先立つ狩猟時代は、単にシトメるのであって、シトメた段階で動物はすでに生きてはいないのである。狩猟は相手から逆襲されるおそれのある危険なしごとでもあり、また狩り立てて、矢や弾がうまく命中するかどうかというスリルがある点で、スポーツにさえ仕立てあげられているしごとであるから、家畜をトサツすることに比べれば、動物のイノチに対する人間の罪の意識は、はるかに軽いものであったはずだ。それにもかかわらず、狩猟を主な生業とする民族は、動物に対してちょっと後めたさを感じ、自分がシトメた動物に対して感謝、謝罪、いいわけなどをし、またコロシた自分の罪を他の民族になすりつけたりして、自分の気持ちを軽くしようとして、さまざまな呪文や祈願のことばを考えついて唱えた。

たとえばシベリアのコリャーク族は、しとめたアザラシなどに向って供えものをしながら、「わしらのところにたびたび来てくれ。海にもどったら、これと同じくらいおいしい食べ物が用意してあるからと、仲間に伝えてくれ。わしらは野いちごなんかもどっさり持っているよ」などと話しかける。しとめた動物のたましいだけは、仲間のもとに帰ると信じられていたので、このような話しかけは、次の豊猟を祈願して、動物仲間の間でいい評判をたててもらおうという考えから出ている（ロット＝ファルク、田中克彦他訳『シベリアの狩猟儀礼』弘文堂、一九八〇年、一九一ページ）。

またオスチャーク族（ハンティ）のようにシトメたクマにむかって「おれたちのことを悪く思わないでくれ。ロシア人の作った矢がおまえを殺し、ロシア人の作った槍がおまえを滅ぼしたのだ」と話しかけて、罪をロシア人になすりつけようとする（ウノ・ハルヴァ、田中克彦訳『シャマニズム』三省堂、一九八九年、三二二ページ。平凡社「東洋文庫」に収録予定)。

これらの民族誌的資料は、動物世界を管理する動物の精霊や神にむかって、願い、ゆるしを乞う、動物と人間との共生の関係を映し出している。フィントアイゼンは、こうした習俗の起源を次のように説明している。「人間は自己の生命を維持するためには他の動物を殺さねばならぬことを知っている。だがこの殺戮により背負い込む罪業はずっしりとのしかかる重荷である以上、何らかの方法で再び取り除かざるを得ないのだ」と(和田完訳『霊媒とシャマン』冬樹社、一九七七年、一三ページ)。このように説明される感覚は、仏教徒であれ、キリスト教徒であれ、似たようなものと思われ、またこうした大宗教が生まれる以前の、人類の最古層の心性に横たわっている普遍の感覚であるように思われる。

以上の例は、いずれも狩猟生活の中から集められたものだが、家畜飼育にも引き継がれ、また新しい展開をとげて行くはずのものであった。家畜は人間なくしては発生せず、ひたすら人間の手で育てられるという過程がある以上、野生動物よりは、人間にとってさらに近しい関係にある。そこには友愛の情すら生まれるのである。ところがいまは、これらの家畜は「育てる」のではなく、「生産」すると言われるまでになった。この言いかたが、それに従事する人たちの仕事のサベツを無くすのに貢献するのかしないのかはわからない。しかしこのことばは、動物がはじめから「商品」、つまりモノであるという考え方をよりいっそうすすめる上で大いに貢献している。

2

モンゴルでは「出す」という「ほふり」

以上述べたところで私は、フィントアイゼンのような洞察が、人類普遍の最古層の心性にかかわるものであると考えておいた。しかし、トサツの長い伝統のあるところとそうでないところとでは、大きなちがいがあることはたびたび経験することである。それはまた動物の種類によっても感じ方に大きなちがいがあることは、私たちはすでに、クジラ問題を通じてよく知っている。クジラを食べることに特別の反感をもつ人が、ブタやヒツジは平気で食べるのだから。

日本では家畜飼育の経験が大変浅い上に、仏教の強い影響もあって、たとえば典型的な遊牧民であり続けたモンゴル人にくらべれば家畜利用の点では相当に異なった世界に住んでいる。つい数年前のことであるが、私はモンゴルの草原で、「今日はあんたたちのためにごちそうを準備した。ごちそうは、ほら、ゲル（天幕、パオ）の外に待っているよ」と告げられた。それが、さきほどから、メエーと鳴いているヤギであることは、うすうす感じていた。私がそれをたしかめにゲルの外に出ていくと、石に紐でつながれていたヤギが、突然、私のまたの間に首をさし入れて激しく鳴いた。ヤギの熱い血潮が、うすいズボンを通して、私の肌に強く訴えかけた——と私は感じた。その温かみは、ほとんど私のからだの一部のように感じられた。私に助けを求めにきている。どうして、一時間後に、このヤギをコロシて食べることができようかと考えた。しかし、他の人が食べるんなら、自分が食べてやった方がいいという考えかたは、あとで訪れたのだが。

とにかくその時は、私はモンゴル研究者としては資格がないことを自ら言明することになる恥を知りながら、このヤギだけは何とか救ってくれないかと宴の主催者に頼んだ。その人は、年配の、人情がわかってくれそうな風貌の人だったが、「よし、わかった」といってくれた。ただ、「売り主に返さなくてはならない」とつけ加えた。

結果としては、草原の上の晴れの宴はくり広げられたので、おそらく別のヤギが連れて来られたのであろう。結局、私の願いが、何の意味もない、おろかな自己満足の感傷であったことを思い知らされたのである。

私はモンゴル人やロシアのブリヤート・モンゴル人のところに行くと、必ずといっていいくらい、ヤギやヒツジの饗応を受ける。若い人でもほふりかたをよく知っていて、その芸術的といっていいくらいのホフリの腕前を見せてくれる。

動物はあお向けに寝かされ、ホフリの人はその上に、組みしくように乗って、胸のあたりをナイフで数センチほど切り開く。その小さな切れ目から手を入れて、心臓動脈をさぐりあてると、それをつかんでしめつける。もちろん中で何が起きているかは、外から見て想像するだけだ。動物は、二、三度ピクピクけいれんすると、そのまますぐったりと息絶えてしまう。死がたしかめられると、すぐに皮はぎ、解体の作業がはじまる。モンゴルのホフリの特徴は、血を一滴も大地に落としてはならないという古くからのしきたりを守っていることである。

解体には女も子どももすべてが参加する。たぶん最も熟練を要するのは、長い腸のなかみを全部しごき出して空にしてからきれいに洗い、そこに血や、内臓をつめて作る腸づめの作業である。犬や、バイカル湖のそばでは多数のかもめが、気配を知って集まってくるので、かれらは、ごちそうにあずかる最初の客である。不要の部分は気前よく、かれらのもとに投ぜられるのである。それは、あたかも自然の恵みは私たち人間だけが一人占めしているのではなく、この通り自然の仲間と分かちあっているのですよと神々にいいわけしているかのようである。

モンゴル人のほふりのさまは、もっとくわしく描き出すこともできるが、だいじなのはそれが、それぞれの家庭で、それぞれのグループで、自前で行なわれるのであって、専門の職人にたのむのではない。そこにはまた、おめでたいお祝いの雰囲気がただよっている。

こうした行事を、トサツなどと呼ぶ気持ちが全く起きないので、私の文章も、おのずとホフルということばを使うことになってしまった。トサツのサツは、漢字で書けば「殺」で、殺人、虐殺、殺戮などに現われ、ホフリの仕事にまったくふさわしくない文字である。ホフリはたしかに動物をコロスことにはちがいないが、相手は憎しみもない、むしろ愛情をもって飼い育てた動物であって、コロスを用いるのはふさわしくない。それにまたこのコロスは、ののしりことばの中で多用されているから困ったことになる。

コロスのよくない使い方

私はある時、辺見庸さんという人と対談をしたことがある。会ってすぐに気があい、いい人だと思ったけれども、対談の前の雑談のときに、この人は、誰かのことを「まるで犬殺しのようなやつだ」と言った。今考えてみると、犬殺しとはどんな人のことをいうのですかと問いただせばよかったのだが、そうすると話の流れをこわしてしまうので、ただ、そのことばはどうか使わないでくださいとだけ頼んだ。それにまた辺見さんは私のことをサベツ語狩りの手先だと思うかもしれないとおそれたので、あとで説明するつもりだったが、二人で酒を飲んでいたせいでそれを聞くのを忘れてしまった。

私がどうしても「犬殺し」などということばを使ってほしくないと思ったわけは、話が長くなるのを遠慮せずにいえばこういうことがあったからだ。私が岡山大学の官舎に住んでいたとき、キャンパスを囲んでいた塀の外から、イヌ、ネコ、古フトン果ては腐ったタタミまで、何でも投げ込んで行く通りすがりの車が多かった。それを私の子どもたちが拾ってくるままに、犬二匹と猫一匹を飼っていた。東京に越して来るとき、かれらを運ぶためにライトバンを買った。東京ではイヌやネコを飼うのを大学の宿舎が禁じていたので、しばらくのあいだ、犬だけは外の立木につないでおいた。その犬たちをたずねて野犬が集まってきた。共同住宅の住人たちも管理人も規則をたてにこの状態を許さなかった。それで私は保健所に電話をして、近づいてくる野犬だけは保健所に引きとってもらいたいと頼んだ。私は、同じ犬なのに、自分の犬を助けるために、訪ねて来た犬を保健所に引き渡すのはサベツだと思い、胸が痛んだ。だがもっと気の毒だったのは犬をつかまえに来た保健所の人だった。

それはやさしくていくぶん気の弱そうに見える好青年だったが、困ったような顔をして、犬をおびきよせ、たくみにつかまえて連れて行ってくれた。こういう人のことを昔、こどもの時に犬殺しとはやしたてて呼んだような気がする。それはたぶん、犬をつかまえることに抗議する気持ちがまじっていたからではないだろうか。ほんとうはどういうふうに使ったのかを調べようとしてみたが、今の『広辞苑』などはのせていない。それでほんとのところはわからないのだが、犬殺しということばを聞いたとたんに、あの青年のことを思い出したのである。かれだって好きこのんで犬をつかまえているのではない。それを犬殺しといったのではすまないではないか。

辺見さんはなかみを考えることなく、たぶん幼いときから聞いてきて慣れたことばを、ひょいと使ってしまったのだろうと思う。願わくばこの文章を読んでいただき、あの時に私がいえなかったことをなんとか理解してほしいと思うのである。

ことのついでにつけ加えると、犬死にということばも使ってほしくない。犬だけが他の動物とくらべて、それほど決定的に意味のない死をとげているとは思えないからである。それに私は愛犬家ではないが犬どしで、犬からも愛されていると思っている。

役所ことばとしてのトサツ

ここで、話をトサツにもどそう。私は戦中、戦後の、まだ十歳にもならない頃からニワトリやウサギや、それに、真にトサツらしいトサツとしてはヤギをほふって食べた。

子どもはほふるなどという古めかしいことばは知らない。おとなだってそうだったし、ましてやトサツなどといっているのを聞いたことがない。ニワトリはヒネルやシメルだったり、ウシなどはオトスで、一般的にはツブスといっていたように思う。

私が今でも進んでトリ肉を食べることがめったにないのは、私がかわいがって育てた何羽ものニワトリの首を切ったことがあるからだ。枕木の上に、私がニワトリの首を押さえていると、祖父がナタのようなものを振りおろす。頭のない首からどっと血があふれ出すのを茶碗で受ける。この血には滋養(祖父は栄養とは言わなかった)がいっぱいあるんだといったが、といって、血を飲まされたことはない。それよりも、こんなに首を切るよりは、シメたり、ヒネったりという、もっとすぐれた方法があるんだったら、鳥屋さんからそれを習ってきたいと思った。しかし祖父の言によると、この首切りが最も確実な方法なのだそうだから、私はあきらめた。

明治のはじめの頃の日本語の状況を知る上で役に立つヘボンが作った日本語辞典『和英語林集成』(第三版、一八八六年)には「ホフル」も「トサツ」もいずれもの項目があり、後者には「ホフリ　コロス」と説明がある。現代の辞典類では、たとえば『岩波国語辞典』(第四版)のホフルの項を見ると、意味の第一番目に「敵を打ち負かす」、第二に「皆殺しにする」、そして第三番目にやっと、「鳥獣などの体を切り裂く」が出てくる。

さらに、ヘンだと思うのは、コロスという説明がなく、「切り裂く」というところに妙に力がこめてあることだ。べつに叩いたりなぐったりしてもいいはずだ。とにかく、ヘボンの時代には、ホフルは説明しなくてもわかるが、トサツには説明をつけなければならない新語だったのではないかと推定される。ほんとうは、当時の新聞などいろいろ調べてみなければはっきりといえないのではあるが。

明治になって多くのことがらが、ヤマトことばから漢字を使ったカタイ、よりいかめしく公的な感じのするいいかたにかえられた。トサツはたぶんそのような時代に、肉食が次第に普及して行く中で、オトス、ツブスなどの俗語を排除して役所ことばの中に座を占め、それに伴って、食肉管理も近代的な行政の中に確立されていったのであろう。少なくともトサツということばは、一度も自分の手でトサツなどやったことのない役人が使い、うえから広められていったことばではないかと推定される。つまり、ほふりをやっている当の専門家本人は、たぶん使わなかったのではなかろうか。

それでは、ホフリが日常的に、もっと慣れ親しんだしごととして行なわれているモンゴル人のところでは何といわれているだろうか。それはガルガハ(gargakha)、つまり「出す」と呼ばれている。ヒツジをほふるのであれば「ホニ・ガルガハ」という。この「出す」とは、どこからどこへ向かって出すのであろうか。いろいろな解釈がありうるが、たとえば皮という包みをほどいて肉を出す、あるいは群から選んで出すそれとも——これが一番ありそうな解釈だが——「魂を出す」のかもしれない。はっきりしているのは、コロスという単語を口にすると、モンゴル人だったら皆が顔をしかめ、「出す」といいかえることである。

3

ドイツのほふり

モンゴル人ほどにはほふりが日常生活に入っているわけではないが、日本人ほどにも日常から遠いわけではないヨーロッパ人、たとえばドイツ人のところではどうなのだろうか。

今から三十数年前に、はじめてドイツに行ったころ、シーズンになると、いくつものレストランに「シュラハト・プラッテあります！」と書いた紙が張り出されていた。このシュラハト（Schlacht）は英語のスローター（slaughter）と同源で、日本語で通常、トサツと訳されることばである。プラッテは大皿であるから、大皿の上に血まみれの肉塊が盛りあげられているというような状況を思いうかべただけで私にはちょっと食欲が減ずるような張り紙である。村々では、シュラハト・フェスト（トサツ祭り）が催され、新鮮な肉でごちそうがふるまわれる。その時の動物はだいたいブタである。血詰めのソーセージは中でも代表的なものらしく、ビア・ホールでは、よくそれをすすめられた。「トサツ祭り」と日本語でいうと、その陽気な感じが伝わって来ないが、何とか日本人にもわかるように訳すならば、「収穫祭」というのが近いのではないかと思われる。

ドイツの民俗学の本には、「秋の野良仕事が終わって、クリスマスが近づくとシュラハトされる。もし村にメッツガー（ほふりやさん、肉屋さん）がいないときには、副業的にこの仕事をやる人がいて、その人を方言でデ・ザイシュテヒャーと呼ぶ。ブタのほふりと肉の湯どおしは、道ばたや中庭で行なわれる」などと書いてある（Walter Diener, Hunsrücker Volkskunde, Bonn 1962）。つまり、村の人、道ゆく人々はそこへ集まってきて、これはうまそうな肉だとか、この男は手さばきがいいぞなどと話しあいながら見物するのであろう。これは、ドイツ西部の、もうフランスのアルザスに近いフンスリュック地方の風習について述べたものだが、他の多くの地方にもあてはまるだろう。

日本人の感覚とずい分ちがうのは、ほふりやさん、肉屋さんの姓を持つ人が、決してめずらしくはないということである。私がボンで車の点検、修理を頼んでいた有名な大工場の名はフライシュハウアー社、つまり肉切り屋さんであり、またすぐれた本を出版している会社に、メッツラー（肉屋さん）というのがある。私の書棚には、何冊ものメッツラー文庫が並んでいるので、今あらためて、その一冊をとり出してたしかめてみたのである。この名を直訳すれば「肉屋叢書」とか「トサツ屋文庫」とかになるが、何も肉屋さん用の本ではなく、言語学や文学のすぐれた専門書をおさめている。これらの名で示される職業の人は、中世のドイツで、肉の安全な供給に責任を持った、社会的有力者であったという。

私もヤギのほふりを習った

動物と人間との関係をどのように見るかは文化により、個人によってさまざまにちがっており、それを表現することばもまた多様である。現代はその関係がまったく単純化され、動物を育て、その肉を供給する人と、長い肉造りの過程の終末に商品として受けとり消費するだけの人との間には、それぞれがまるで別の世界に住む人であるかのような分極化を生みだしている。

私のばあいは、戦中戦後の困窮期の体験に、いくらかでも想像力の助けをかりてこの問題を理解しようとつとめる。もちろん、小規模の自家用に、いわばペット的に飼っている動物を、自らほふるのと、商品生産の中で大規模に行なわれるのとでは同じではない。しかし理解の助けにはなるだろう。

私がほふりの体験をしたのは、敗戦後間もないころだった。くわしい状況はよく思い出せないが、ある日理科の藤原という先生だったが、今日はヤギを食べようといった。みんなで飼っているヤギだったが、小舎から連れ出し、後頭部から首筋にうつるあたりのところを指して、「ここがエンズイだ。ここをねらうと楽だ」といって、立たせたままでそこをカナヅチで打った。けいれんしたところをさらにもう一回ねらうと、もう横たわってそのままだった。それから皮はぎにかかって、その先生の指示で手分けして解体の手伝いをして、最後に肉を刻んで、なべをかこんだ。はっきりおぼえているのは肉切れが毛まみれになったことで、食べるときは、絶えず、指でその毛を除かねばならなかった。このことからわかったのは、肉屋さんに並ぶような状態になるには、いかに熟練が必要かということだった。

この教師の自信に満ちているが、真剣な態度はいまでもはっきり思い出される。彼は、なぜこんなことを校庭の片すみでやったのだろうか、何よりもたぶん子どもたちの栄養補給を考えたのだろうと思う。今の世の中だと、親たちがさわぎ出して大問題になるだろう。

ヤギのホフリに自信を得たので、私は、自分の飼っているウサギにもこの手法を応用してやってみたが、ひどい結果となった。左手で耳をもってぶらさげ、右手にカナヅチをとって、ここぞと思う場所をねらって打った。ケイレンが起きたので、もう大丈夫だと思って腹をさいたところウサギは腹わたをぶらさげたままでピョンとんだ。あんなにおそろしい思いをしたことはない。しかしそれでも家族の食卓をにぎわせることができた。考えてみればあの頃は、十歳を出たばかりのこどもがこんなことをやったのだ。

こうした経験は、私の時代の人たちだったら多かれ少なかれあるらしい。ロシア文学の原卓也も、ヤギの首にロープをかけ、それを木の枝につるしてみんなで引っ張ったが、なかなかうまくいかなかったという思い出話をしてくれた。当時は東京でもこうしたほふりのできる場所があったのだ。しかしなんとぶきっちょなことをやったものだ。ヤギにはずいぶんめいわくな人たちだった。これでは絞首刑ではないか。

飼い主の気持ち

私が少年時代を過ごしたところは、有名な但馬《たじま》ウシの産地だった。ウシ市が立つ日には、色とりどりのきれいな晴着を着せられて、何十頭となく行列を作って、飼主に引かれて市にむかうところを見かけたものだ。それからせりにかけられて、神戸につれて行かれ、名高い神戸牛になったのであろう。おそらく当時は、ウシと飼主とのつきあいは、今よりもずっと濃密だったにちがいない。私はウシ飼いになったことはないから推測してみるしかないのだが、ウシを売るのとナスやキュウリを売るのではかなりちがうだろうと思う。ほんとうはおなじようであればどんなに心やすらかだろう。最近、新聞で見た酪農家の話からすると、やはり、そのような、完全な商品化の世界とはいくぶんちがうようである。話の主は、福井県で二十七年間、乳牛と暮らしている石丸勢津子さんという人である。

牛は乳を出さなくなったとき、牛舎を去る。（略）引かれていく牛は身をふりしぼって抵抗する。その目から大粒の涙が流れる。（略）牛のからだをなでながら、ようがんばったねと何度も言う。（略）この別れのつらさにくらべれば日々の仕事は羽毛のように軽い、と思うときがある（「朝日新聞」一九九九年三月七日）。

取材した小林好孝記者のこの文章と、石丸さん本人の気持ちとの間には多少のへだたりがあるかもしれない。もしかして記者の感情移入が加わってるかもしれないとは思いながらも、育てた動物と人間との関係において、こうした感情は否定できないものだと思う。ましてやこの牛のばあいは、生涯乳を出しつづけた上に、やすらかな老後とはいかないのである。飼い主の気持ちはいかばかりであろう。だからこそ、動物への感謝と祈りの感情はおしとどめがたい自然なものであり、そのことがまた遊牧民のもとでの、動物の生命の再生を願う、さまざまな祈りや儀式とことばを生み出すのである。

さきにシベリアの諸族における狩猟儀礼のことを述べたが、それとほぼ同じような儀礼やことばが、家畜のほふりに際しても捧げられる事例が内モンゴルで集められ、報告されている（小長谷有紀『モンゴル草原の生活世界』朝日選書、一九九六年）。

生産と消費が分極化したために

飼い主の手を離れた動物はほふりからはじまって、いくつもの過程を経て、最後には食卓に並ぶ。生きた動物と、この過程の終着点との間に、かつて人間はさまざまな儀礼、とりわけことばを捧げる儀礼を行なっていた。こうした儀礼を行なう動機の一つに、生きた状態と食卓との間を截然と断とうという気持ちがはたらいていたのではないかと思われる。

この点で、英語は興味ぶかい例を提供している言語だ。食用になったときは、もはやカウとかオックスではなくて、ビーフと呼ばれ、シープはマトンと化す。このように、生きた動物と、その食肉になった状態とを、別の名で呼び分ける風習の起源は、十一世紀のノルマン・コンクエストでフランス語がブリテン島に入りこんだときにさかのぼる。すなわち、支配されたサクソン人は動物を育てて相変らずもとのことばオックスを使ったが、支配者のノルマン人は、肉となって食卓にのった段階のものをかれらのフランス語ビーフ（ベフ）で呼んだところから、こうした二重の名が生まれたのである。つまり肉の生産者・提供者は、動物の名をサクソン語で呼び、消費者のノルマン貴族はフランス語で呼んだが、動物を育てないかれらのフランス語は、もっぱら肉の名を指すものとして用いられたのである。この二重性は、その後も生産と消費とを断ちきる効果を発揮したのである。日本においてもまた、肉はもはやウシとは言わずギューもしくはビーフというのと同様である。カシワ、サクラ、ボタンのような呼び名にも、動物とその肉とを断ち切ろうという心理がはたらいているのかもしれない。ここではこれ以上くわしくは述べないが、たとえばロシア語でも、牛肉を表わすガヴャーディナという語は、通常の生きたウシを表わすのとは全くちがう単語である。

さて、日本人のような植物依存の民族だけでなく、より牧畜中心に暮らしている民族でさえも、このような二重性を設けて、断絶の手段をほどこしているのはなぜかといえば、やはりフィントアイゼンが述べているように、コロスということへの気の重さであろう。その気の重さは、自らのことから推測してみる、動物が必ず味わうにちがいない苦痛である。そこで、動物をホフルときの人間は、その苦痛を最低限におさえることが、だれにでも理解できる普遍の徳目になるはずである。狩猟民でも牧畜民でもそのための心づかいは多大なものであり、シトメやホフリの儀礼は、この心づかいがなければ生まれないはずのものであった。

サーミ人（ラップ）はクマをしとめそこなって傷ついたままでねぐらに逃げかえってしまったとき、「おまえにケガさせ、つらい目にあわせるつもりじゃなかった。おまえを痛い目にあわさずに殺したかったのに、おまえの方がそれを望まなかった」（ウノ・ハルヴァ『シャマニズム』三八二ページ）などと泣きごとをいって言いわけするのは、もはや形だけの儀礼をこえて、真にせまってくるものがある。動物をワナにかかったままで長い間苦しめると復讐を受けると信じられているのも、動物の苦痛を自らの苦痛と感じる心性から出ている。日本では動物に親切にすると恩がえしがあり、いじめるとタタリがあるということは、数々の昔話や民話のモチーフとなっている。

またサハ人（ヤクート）は、「眠っているクマをしとめる前に、まず起こすことが狩人のおきて」としている。その理由は、「クマもまた、森で眠っている人間をあやめることはないから」である（ウノ・ハルヴァ前掲書、三八一ページ）。ここには、動物を一方的に人間が支配し、自由に処分するモノとしてではなく、生存のパートナーとして考えようとする、より高い公正さを求める感覚が現われている。

私はラジオで料理番組を聞いていて、料理の先生が、「あさりは水から煮るとおいしくいただけます」というのを聞いて、何というひどい感性の持ち主だろうと思う。私自身は必ず、これ以上は沸騰しないというところまで湯が沸き立つのを待って貝を投じ、一気にふたが開くよう心がけている。この料理法は味において劣るかもしれないが、貝へのささやかな感謝の気持ちであり、それによって私はやすらかな気持ちになれるのである。

しかしいったい、動物が人間と同じような感覚をもっているのだろうか、ましてや貝にいたってはと問う人もいるだろう。しかし私自身は、自分にとって苦しいと感じられることは動物にとってもそうだろうと思う。いっそのこと、動物には私たちのような感覚や感情はなく、自分の気持ちを動物にあてはめて考えることは全くの思いすごしだという理論を、なっとくできるように信じさせてくれる人がいたらどんなに救われるだろうかと思うが、それはむつかしいしごとであろう。

4

わかちあう生命圏

こうした問題を考えるうえで、大変参考になる論文が最近発表された。それによると、一九七六年にフランスで成立した「自然保護に関する法律」の第九条は、動物は感覚ある存在（être sensible）であると規定し、それが「単なるモノではないこと」を明記した（青木人志「動物に法人格は認められるか――比較法文化論的考察」『一橋論叢』一九九九年一月号）。

フランスということでは、今から十年ほど前にアルザスで経験したことを思い出す。アルザス語保護運動の指導者で、八十歳をこえるヴォイトさんが、自分で車を運転して、こおった雪道をストラスブールの駅まで迎えに来てくれた。そのまま家に招かれたので、何のおみやげもない私は、途中モスクワで買ったキャビアをさしだしたところ、ヴォイトさんの奥さん――初めてお目にかかった――にひどく叱られた。あなたは、あんなにおとなしい魚から卵をとりあげて食べる人ですかと。その時私は、こういう頑迷な菜食主義者は困ったものだと思っていたが、今じじつ、キャビアのちょうざめは絶滅寸前である。そして今では、こうした生物のいのちをいとおしむ気持ちと、アルザスの小さなことばのいのちをまもっていこうという気持ちはじつは同じことなんだと思うようになった。

さて、くだんのフランスの法律の名が、「動物愛護法」ではなくて「自然愛護法」であることに私は注目したい。そこでは個々のペットや動物が選択的に愛護の対象となるのではなく、動物全体が人間と同様に自然のなかの「サンスある（感じる）存在」として規定されたことである。そのことは、人間が動物を同じように苦痛を感ずる仲間として遇しなければならないと指示していることになる。

これらのことから私が思うのは、第一にトサツということばが、もはや我々の時代にそぐわない古い役所ことば、新しくは商品経済主義の刻印をもった無思慮で恥ずべきことばであるということ、さらにまた、このことばを追放して、別のひびきのよいことばに置きかえればそれですむという問題ではないということである。そこにとどまることなく、人類が自然の「感覚ある」いのちとともに生きているという自覚の上にたって、これらのことにかかわる一連のことばを総点検しなければならないということである。それは、人間と動物とが共有する環境と、それへの関係のありかたを再発見することにつながるからである。

このように述べることによって、トサツにかわる何かいいことばをという、現実の要求をかわそうとしているのではない。私自身は以上でる述べたような事情によって、このことばを使うのに大きなこだわりがある。だからそれに代ってかりにホフリを用いてみたがこれを決定案だというつもりはない。新しい認識、新しいモラルが求められ、生まれるときは、それにふさわしい新しい表現を見出さなければならない。

いろいろもどかしい気持ちを残しながら連続講座としての、この章において言いたいのは次のことだ。サベツ語反対運動は、まずは個々のことばをつかまえて、糾弾することからはじまった。しかしいまはトサツという多分最もむつかしい——それは人類全体の生命の維持にかかわっているからだ——より普遍性の高い問題にふみこむ段階に達したのだから、サベツ語糾弾運動がきりひらいた一歩を、より高い倫理の問題へと進める入口を開く位置にたっている。いいかえれば糾弾運動は、一種の本能的な嗅覚によってはじめられたが、じつは人類だけでなく動物をも、ともにイノチをわかちあう生命圏として見るという、深いモラルの問題にふれることになるのである。

第10講　「カタ-」の練習問題——カタテオチはサベツ語か

「隻」セキという漢字

第6講では「カタ-」という造語要素について述べたが、これは、二つでセットになって完結すると考えられているモノのうちの、一方が欠けていることを積極的に示す役割をもつ要素であるから、その示す意味じたいが、差別的な効果を発揮しやすい。

その意味を純粋に物理的にとれば、単に、ひと組のうちの一方、半分ということだから、それじたいの中に、事態を否定的に示そうという意図はない。たとえば体力テストのつもりで、「カタ足で立ってみてください」と言ったときがそうである。それは、もともとそろっているのが、「このばあいだけは」という言外の意味があって、むしろ、一方の（半分の）足だけで、いかに能力があるかをしらべるのが目的だからである。「カタ目をつぶってこれを見てください」というのもそうである。

しかし、はじめから、カタ足、カタ目の人にそんな命令をしたりはしない。前にもいったように、私たちが知っている世界の有名な言語に、こんないい方を持っている例は、ほとんど無いのである。

「ほとんど」といったわけは、たとえば漢字にはぴったり「カタ-」にあたる文字があるからである。それは「隻」(セキ)という字である。この字は今の日本語では、船の数をかぞえるときにしか使わないが、もともとの漢字の意味は、簡単な漢和辞典にも、「二つあるものに対して、一つだけあるもの」というふうな説明がついている。

一九三九年のノモンハン戦争で、右腕を失った、小川真吉という画家が書いた『隻手に生きる』という本がある。一九四一(昭和十六)年つまり、太平洋戦争がはじまった年の刊行で、今、あらためて中を開いてみると、まず菊池寛の序文があり、「画家として右手を失ったことは致命的な打撃である。が同君はそれに屈せず、画筆を左手に持替えて、立派に更生した」云々と述べてある。

次に、吉田茂の名で序文があり、そこには、「自分の倅が画伯の戦友として、バルシヤガルの陣地で終始一方ならぬお世話になった御縁故を以て……」と、ここに序文を寄せたいわれが述べてある。そして、「ここに挿まれた数々のスケッチは画伯に残された不自由な左の隻腕に精魂を込めて写し出されたものであるだけに……」というくだりに、カタ腕の意味で「隻」が用いられている。今から六十年くらい前には、この「隻」

は本の題名にしても、かなり多くの読者に理解されるほどの文字であったらしいが、今それを理解してもらえると期待できる人は、百人の中に一人を求めるのすら困難であろう。しかし現代中国語では、「イージーイエン（一只眼）」というふうに使われる、ふつうのことば、つまり、日本語の「カタ-」にぴったりあてはまることばである。なお、このジーという文字「只」は、「隻」の現代形、つまり簡体字である。

私は漢字のことになると、世評の高い白川静さんの『字通』という分厚い辞書を開いてたしかめることにしているので、その「隻」のところを見ると、「かたわれ」「ひとつ」というような意味しか掲げられておらず、「二つで一組になっているもののうちの」ひとつという説明がないのにはがっかりした。これは、意味論的に、ひどくレベルの低い、できの悪い説明であることは、この私の『入門』を読んでこられた読者にはすぐわかるだろうと思う。

多産系としての「カタ-」

さて、ここで話を、もとの、日本語の「カタ-」にもどそう。この「カタ-」は、いろいろな単語と結びついて、じつにたくさんの、多彩な表現を産みだす。手、足、目など、人体にツイとなってついている、りくつとしてすぐにわかるものをひとまず除いて、ジ

ビキで目についたものだけをとりあげてみても、

カタオヤ（片親）、カタガワ（片側）、カタオモイ（片思い）、カタボウ（片棒）、カタハダ（片肌）

などがある。このように、「カタ-」はじつにたくさんのことばと結びついて、多くの表現を産み出す点で、言語学の用語を使っていうと、「生産力が高い」。言いかえれば多産である。

ある一つの言語の中で、いろいろな語と結びあわさって、次々に新しい単語や表現を産み出す要素のことを、英語をかりて、「プロダクティブ」などという。多産な要素は利用効率が高いから、その言語の中では、たいせつにして、もっともっとその産み出す力を活用しなければならない。そうしないで、やたらカンジや英語にたよっていると、日本語はやがて、本来できることでもできない言語になってしまう。すなわち産めない言語、あるいはマヒ言語になってしまう。多産な要素が多ければ多いほど、その言語は豊富である。なぜなら、必要な表現をいちいち外国語から借りてくる必要はなく、自前でたくさんの表現をつくり出すことができるからである。そうしないで、やたらに外からことばを借りて来るような言語は、そういう外からの借りものの表現を教える、学校に行ったか行かないかで、サベツを作り出す、民主主義に反する言語になる。

このような多産要素に対して、産む力がなく、完全に不妊のことばもある。たとえば「チン（朕）」である。こんなことばをたくさん持っていて、それでジビキをいっぱいにふくらましても、日本語社会を豊かにはなし得ないのである。

多産でないことばの中にも、この「チン」のように、ある時突然外国語から借りてきた、――少なくともアマテラスさまは、自分のことをチンなどとはいわなかった――まるで異物のようなことばもあれば、本来日本語であるのに、そこにだけしか使わない、忘れられかけたような単語がある。それが「古語」と呼ばれるもので、さまざまな理由から、日常生活の中で用いられなくなってしまい、外国語だといわれても、そうかもしれないと感じられるほどのものだ。たとえば「エタ」がそうであるが、この古語については、本居宣長『玉かつま』の、「今の世に、ゑたといふものは、餌取《エトリ》を訛れる名也……」を引くにとどめてここではふれないでおく。少なくとも、いろいろやってみても、その本来の意味がよくわからない、分析不可能なことばだ。

さて、話はさきほどの「カタ-」の例にもどる。そこに並べた最後の例「カタハダ」についてみると、その「カタ-」の意味は「カタテ」「カタアシ」の「カタ-」とはちょっとちがっている。「ハダ」は「テ」「アシ」とちがって、二つで一組みというわけではない。「ハダの半分」と解釈してみるとヘンだ。

この「カタハダ」の反対語は、「モロ肌脱いで」の「モロハダ」で、この「モロ」は「全部」という意味である「モロビトこぞりて」の「モロ」。もっとも、「モロテをあげて賛成」の「モロ」は、「両手」すなわち「ひと組になっている二つ」という意味であって、もっとあげろと言われても、テは二本しかない。私は子どものときから、この「モロテ」はどこかヘンな言いかただと思いつづけてきたが、それがなぜヘンなのかはよくわからなかった。

いずれにせよ、「カタハダ」の「カタ」は、もはや「二つのうちの一つ」という意味ではなくて、「そろった全体のうちの一部分」という意味に転化している。このようなカタは、

カタコト（片言）、カタワレ（片割れ）、カタテマ（片手間）、カタスミ（片隅）

のような使い方の中に現れる。

しかし、この「カタスミ」の「カタ」は、もはや、「完結したものの一部分」という

感じからは相当に遠のいて、「カタイナカ」(片田舎)の「カタ-」に近づいている。

このような「カタ-」の使いかたを、『岩波国語辞典』(第四版)は「位置的にかたよっていること」と説明し、『新明解国語辞典』(第四版)は、「人の目に立たないこと」と説明している。前者は「カタヨル」という説明によって、語源的につながりを示唆しているのに対し、後者は、全く記述的(共時的)な意味に限ろうとしている点でそれぞれ特徴があるが、後者の場合には、「カタスミ」の「カタ-」の意味がうまく説明の中におさまるようにという工夫がこらされている。

以上あげた「カタ-」の例の中では、「カタイナカ」がもっとも強烈な印象を与えると私には思われる。「カタテ」、「カタアシ」は、もう一方をつぎたせばそろうのだが、「カタイナカ」は、そろえようとしても、どうにもならないのであるから。

前にあげた二つのジビキは、「カタイナカ」を、それぞれ「都会から離れた、へんぴな村里」「(中央から離れた)交通不便な村里」としている。「へんぴ」も「不便」も、人々が決して望ましいと思っていることではない。

ことばは共時主義

さて、以上のような考察をしておいた上で、「カタワ」、「カタテオチ」について考えてみよう。

カタワは通常、漢字では、「片輪」と書かれるが、起源から言えば「カタハ」(片端)であろう。「ハ」は「ハシクレ」、「ハジキレ」(この語はジビキにないが)の「ハ」である。しかしこの「ワ」には「輪」をあてる方が、より感じが出るというふうにいまでは(共時的には)なっているのではなかろうか。なによりも、現代の発音は「カタハ」ではなく、「カタワ」であり、また「輪(ワ)」はまるく整っており、もしかして、「車の両輪」を連想させるからかもしれない。

もともと、「カタワ」のような純粋日本語には、漢字などはないのであるから、それに漢字をあてるときには、いつでも、解釈を加えて、その場にふさわしいと思われる漢字をあてるのである。たとえば、「イッショウケンメイ」は、いくら「一所懸命(一つのことに、命をかける)」が正しくて、「一生懸命」は誤りだといわれても、現代の私たちには、「一所」よりは「一生」の方が実感に近く、ピンと来るので、だんだんとこっちの方を採用することになり、またそのように定着していく。つまり、言語においては、どんなにえらい先生がお説教をたれても、結局、人民の実感が勝利するようになっているのである。

同様に、「専門」が正しいと言われても、多くの人が「専問」と書くようになっている。そのわけは、「もっぱらの門」というよりは、「もっぱらに問う」という解釈に移っているからだ。そして、現代の正統の言語学では、紙の上の歴史的材料よりは、「いまの、素朴なふつうの話し手が、どのように意識しているか」という、「知識ではなくて意識」を重んじ、そこによりどころを求める立場をとることはわきまえておかなければならない。言語とは語源的な知識ではなく、より意識、実感の領分のものだからである。ことばの問題は、ジビキや歴史的知識がきめるのではなくて、いま、どういう風にうけとられているか、もっとしっかりといいかえると、「話し手のココロのなかに、生きている姿はどのようなものか」ということがだいじなのである。つまり、歴史主義ではなくて「共時（サンクロニー）主義」なのである。

このことは、サベツ語の問題を考える際には特に重要である。カタワは歴史的には「片端」だったという知識よりも、いまの人々が「片輪」と書くようになった意識の方が大切であり、ほとんど、この意識だけにもとづいて考えた方がいいのである。そしてまた、それが、言語学のたちばとも一致するのである。

「カタテオチ」は中途はんぱなしくじり

さて、これから本題に入るのであるが、そのためには、第6講の「カター」の意味論をもう少しくわしく、むしかえして復習しておくことがたいせつだったのである。

今から十年ほど前に、教授会で博士論文審査の会議があった。そのような会議では、ある論文について、博士の学位をあげる資格があると認める、あるいはそう主張する委員が、その理由を説明する審査報告を読みあげると、それに批判的な、あるいは反対の意見を持つ人がいろいろと質問する。そうすると、その論文を支持する人は、それに答えなければならない。

そうして議論の末、その論文を提出した人を、博士と呼んでもいいときめることになる。その時に論文を読んで、会議に報告したことは、印刷にして（今ならインターネットでも）公表し、誰にも読めるように公開することになっている。そうしないと、「ソデの下ハカセ」（このことばはたぶんジビキに出ておらず、私の作ったことばだが）になってしまうおそれがあるからである。

ある論文について、その最後の審査報告が読みあげられたときに、ある教授が、そこに出てくる「この問題についてふれられていないのは片手落ちである」という表現をとりあげて、そこのところは、別の表現にあらためなさいと意見を述べて、皆が諒承した。「カタテオチ」は、サベツ的表現として問題になっているということは私も知っていた。しかしそれがなぜそうなのかは、自分でも十分になっとくがいくようには説明できなかった。「カタテがおちている」という言い方は、両手がそろっていなくて、カタテだけの人をさげすんだいいかただからだろうと解釈して、そのときはすませてしまったのであるが、しかしその後ずっと私にはどこかすっきりしないという気持ちが残っていた。すくなくとも、そういう「カタテ」が「オチ」ているということばから浮かんでくるイメージは、カタ一方の手がそこに落ちていて、もう一方の手だけをぶらぶらさせているような光景である。このような、もやもやした気分は、それはサベツ語だ！　とどなったらすっきりするというものでもない。

そもそも、ある人に手がないこと、手が欠けていることをあの人の「手が落ちる」だの、あの人は「手が落ちている」などというだろうか。だれだれさんは、戦争のとき、砲弾にやられたから、ああいうふうに「手が落ちてるんだよ」などというだろうか。そうは言わないと思う。日本語は、こんな時は、あっさりと、「手が無い」というにちがいない。

私は、いろいろな機会に、たとえば散歩しながらでも、スーパーで安い野菜をねらっているときでも、「カタテオチ」のことが気になってずっと考えてきた。そうして、あるときに思いいたったのは、「カタ-」をとって、単に「テオチ」といったらどうだろうかと考えた。つまり、「核燃料処理工場の事故の原因は、単純なテオチがあったからだ」

というふうに。

しかし、「カタ」をとっても、しょせんは「テオチ」、つまり「手が落ち」て「カタテ」になったことを言っているのだという反論も出て来よう。

私は出てきそうなこの反論にどう答えればいいのだろうか。このばあいの、つまり「テオチ」の手は、具体的なブランとぶらさがっている手、あるいは落ちてゴロンと地面にころがっている手ではなくて、「解決の手がない」、「手づまりだ」、「その手には乗らんぞ」などという場合の、「方法」、「対策」などというときの「手」だと考える。

つぎには、「ちょっとしたテチガイ」を参考にして、その「テ」だと考えることにしよう。そうすると、「テオチ」は、具体的に、ブランとぶらさがったカタテが、「ドサリと地面にオチる」というのではなく、「テオチ」は「テチガイ」と同類の語であって、まず「テオチ」がある。それに「カタスミ」「カタコト」の「カタ」がついて、「カタ・テオチ」となったと考える。すると、その本来の意味は「完結しない、中途はんぱ」な「しくじり」というような意味になろう。

このように考えて、私はモヤモヤから解放され、はじめて、「カタテオチ」の意味が、しっくりしたものとして感じられるようになったのである。

以上で、私はだいたい理をつくして、カタテオチは「片っ方の手が落ちた人、あるいはその状態」、つまり、「片手のない人」を意味するのではないことをいったつもりである。

しかし、どうしても「片手のない人」説を通したい人は、私の受けとりかたがちがっているといいつづけるであろう。最近ではこういうことも、裁判だの投票によって決着をつけるという方法があるのかもしれないが、それはなるべく避けた方がいいと思う。投票は、時には少数者、マイノリティーの立場を無視する、はなはだ暴力的なやり方であることが、ますます明らかになっている。

たいせつなことは、すこしでも、自分が十分なっとくのいかない説明や主張があったばあいには、なぜ、しっくりと理解できないかとよく考えてみることである。その際ジビキの指示などにゆめゆめしたがわないことである。多少の参考にはなるかもしれんが、しかし、ジビキを使う人は、それが、どんな人が作ったかをよく考えてみることが必要である。ほんとうは、ジビキは、サベツされるたちばの人が作ってみるのがおもしろいのである。国語シンギ会にも、なぜサベツされるたちばの人の代表が入っていないのだろうか。

いまここであげた「カタテオチ」は、言語の内部で、言語そのものについて考えることができた、数少ない例である。多くのばあいは、問題になる語が、一種の専門用語、術語のように扱われるときには、言語以外の、その語の意味をきめる条件があって、それに従わざるをえないことが多いからである。専門用語、術語は、それが何だかそぐわないようでも、そのように使うのだと決められたら、ひとまずは従わなければならないからである。

最後に、この項を終えるにあたって、本題とは直接関係のないことだが、はじめに引いた『隻手に生きる』に序文を寄せた吉田茂について述べておきたい。私は当初この人は戦後総理大臣となった吉田茂のことであると思っていたが、それよりは七歳若い別人であることがわかった。しかしソ連・モンゴル軍の砲撃を受けて、著者のすぐ傍で戦死した「私達の照準手であった」「若い吉田一等兵」の父であったこの人は、当時厚生大臣の職にあった。ノモンハンの犠牲は、いろいろな人たちに及んでいったことがわかる。

またこの本を、単なる戦記として分類することができないのは、著者が日本に帰還してから、片手で生きることがいかに困難であるかが、強い喪失感とともに述べられているからである。傷を負った兵にとっては、戦場や野戦病院よりは、帰還後の日常生活の中でこそ真の困難がはじまるということがこれを読むとよくわかる。

病気や心身の障害を、決してからかいやブラック・ユーモアの対象にしてはならないということも、読者におのずからさとらせるような力がこの戦記の中にはある。

第11講　サベツ語にも方言的カタヨリがあるかもしれん
――ブラク・ブゾクの「部」について

転変する「部族」

私はエンゲルスの著作を時々開いて読む。なぜかというと、かれは人類の社会的発展を進化主義的に述べているので、小さな氏族的な血縁集団からしだいにその規模がひろがって、「民族」という規模のものになるという過程を、なめらかに説明しているからだ。

こういう問題を扱ったかれの代表作は、『家族・私有財産・国家の起源』（一八八四年）で、そこでは「氏族がいくつか集まって部族になる」というふうに述べているのだが、そこの、日本語訳で「部族」と訳されているもとのドイツ語原文は「シュタム（Stamm）」というふうになっている。エンゲルスのロシア語訳では、このシュタムは、一貫して「プレーミャ（племя）」と訳されている。

シュタムもプレーミャも、それぞれ、ドイツ語、ロシア語の中では、一度もゆらぐことなく使われてきた安定した語である。

ところが日本語での翻訳は、時代によって転変する。私はそのことを、最近、『「スターリン言語学」精読』(岩波現代文庫)という本を書いていて気がついた。スターリンはエンゲルスのいろいろの著作を引きあいに出し、あるいはそれにもとづいて論文を書いている。マルクス主義にとっては、社会の発展や進化という概念が大切だからだ。社会が一定の法則にしたがって発展するというのが、かれらの主なテーマだからである。

さて、スターリンの文章のなかに、

氏族の言語から部族の言語へ、部族の言語から民族体(ナロードノスチ)の言語へ、民族体の言語から民族の言語へのひきつづく発展

というくだりがある。つまり、ある言語を共通にする人間の集団が、最初は小さな氏族と称する血縁集団から、いくつかの段階をへて、民族へと拡大して行くさまを述べたものだが、民族は、もはや、小さな地域に限定された血縁集団ではない。血縁的な発生を異にする集団も含み込み、氏族方言をこえて拡大され、より統一的な言語を持つに至っ

た集団のことである。

さてここで、「氏族の言語から部族の言語へ」となっているのは、私がずっと使っている、一九五三年の「国民文庫」版の、石堂清倫さんの訳である。

その後、スターリン全集刊行会の名で新訳があらわれたが、この新訳には、ほとんど何も新しいところはないが、ちょっと変えられているのは、「部族」が、すべての場所で「種族」といいかえられているところである。では、「部族」を「種族」といいかえることによって、翻訳の上で、何か解釈上の変化でも起きたのかなと思ってみたが、そういうこともなさそうである。

私は、スターリンのこの文章や、さらに一般にマルクス主義の文献で、このテーマについて論ずるときは、「種族」よりは「部族」の方がより適切であると思うから、スターリン論文を今度新しく印刷したときは、「種族」と書きかえられていたところを、すべて、もと（昔）の通りの「部族」にもどしたのである。

「種族」よりも「部族」の方が好ましいと思われるわけは、まず、何といっても、「種」は「種類」、「品種」、もっというと「人種」を連想させ、生物分類的なにおいがするからである。そして、その背後には、人種主義がかくれている。

人間の問題を考える際に、それはもちろん生物としての存在でもあるから、その肉体的な特徴にもとづく分類概念である人種も、多少は考慮に入れなければならないとしても、人間は文化的生物であるから、肉体の特徴だけではなくて、より文化の観点から考えなければならない。特に言語について論じる際には、人種の観点をまぜ込んではならない。言語は常に人種を超えるからである。

このような立場からすれば、単に生物的な特徴を表わすととられやすい「種族」よりも、「部族」の方がふさわしいと考えられるのは当然である。

「部族」を扱う学問としては、「人類学」や「民族学」があるが、それらの代表的な事典、たとえば『文化人類学事典』(弘文堂、一九八七年)は、「種族」を項目に出しておらず、「部族」のところで、まず「〝種族〟と訳されることもある」と述べている。そして、少し先のところで、「部族と種族のちがい」にふれてある。

また、これは、世界に誇ることのできる、『世界民族問題事典』(平凡社、一九九五年)という、たいへんすぐれた事典も見ておかねばならない。この事典もやはり「部族」という項目のもとに、くわしく、ていねいな説明があるが、「種族」の項目はない。そして「種族」については、「東南アジア諸地域で慣用的に使われ」ていて、「〈部族〉と同義語である」と述べてある(福井勝義執筆)。ところで、「慣用的に使」っているのは誰かといえば、日本の専門家のあいだで、ということにほかならない。というのは、部族も種族も、そのあたりで使われているのは、いずれも、学問の用語としては英語のtribe（トライブ）ということばの訳語として生まれたからである。もとは一つのことばを日本語では、二つの異なる漢字で訳しておいて、ああでもない、こうでもないといった不経済な議論は、いたるところで見られる現象である。そして、その国の学問が独創的ではなく、他国の学問に従属していることを見せてしまった、はずかしいような話である。

否定的な意味をおびる「部族」

以上見たのは、いずれも学問的な専門事典であるが、より一般的、日常的な国語辞典では「部族」はどうなっているだろうか。そこでは、「部族」、「種族」のいずれも項目に立ててあって、私が、はじめに述べておいたような区別とだいたい一致した説明をとっている。

その中で『新明解国語辞典』（第四版）だけは、「部族」は、「一定の地域で、言語・文化などを共通にするまとまった社会集団で、排他的・閉鎖的なもの。多く未開民族に見られる」（傍点は田中）としている。しかし、この説明は、この辞典にときどき見られる、目立とうとするあまりの頑張りすぎの一例であって、「部族」はいつも、排他的・

閉鎖的であるとはかぎらず、また「未開民族」にかぎったわけではない。人類学的には、民族の下位単位として、単なる規模のちがいとして扱われる。

古代の日本で、アジア大陸や朝鮮半島からやってきた船が難破して浜にうちあげられたときの日本人は、もしかして民族とはいえない、部族の状態だったかもしれないが、決して排他的・閉鎖的ではなく、異族を救い、船を修理したりして、再出発を助けたはずであるが、部族がしだいに民族に近づいて、国家に近い体制に近づいてくると、パスポートだの身分証明書だの収容所だのの制度ができて、より「排他的・閉鎖的」になっていることは、現実に見るとおりである。

さきの『民族問題事典』の「部族」の項は、そのような記述を直接批判した興味深い内容である。

国語辞典では、部族の定義を〈一定の地域〉に住むことと、共通の言語・文化・宗教などをもつこととしているが、さらに〈原始宗教〉〈未開民族〉などと限定して、進化の前段階的な説明を加えている場合がある。

と、あきらかに、こうした記述に対して批判的な姿勢を示している。ちょっとおせっかいすぎると感じられるかもしれないが、「国語辞典」のこうしたさしでがましさにいら立つ気持ちは、私とて同様である。

いずれにせよ『新明解』は、部族という用語に、はっきりと否定的な態度を示した、興味深い、また大切な例である。この例を除いて、こうした辞典、事典は、部族に対して、それほど否定的な態度を示しているのではないのに、最近のマルクス主義文献――日本語の翻訳となった――だけは、「部族」には完全に否定的で、ある時期に、いっせいに、それまでの訳語であった「部族」を、機械的に「種族」に置きかえてしまったふしがある。置きかえるにあたって、なぜ「種族」にしたのか、どのような学問的な要求にもとづいてそのようなとりかえを行なったのかという説明がまったくないままに。たとえば、「プロレタリアートの独裁」が、「執権」にとりかえられた場合には、なっとくが行くかどうかは別として、ともかくも説明があった。

そして、その場合の説明は、「独裁」(ドイツ語ではDiktatur)という日本語への移しかえが、意味において不適切なものであるという、その説明を受け入れるか否かにかかわらず、とにかく説明があった。

それに対して、「部族」から「種族」への置きかえに際しては、そのような説明がないのみならず、この置きかえは、上でみたように、内容(意味)の面からみても適切ではない。このような置きかえの場合は、内的な必然によらず、何か、別の、外的な要求がはたらいて生まれたのではないかと推定される。

集落に変えられた部落

そこで私が考えるところでは、たんに、「部-」という文字、あるいは造語要素をきらったのではないかということである。何も説明がない以上、このように考えてみるしかないのである。そして、「部-」がきらわれた理由は、いろいろ途中を省略してずばりというと、それが「部落」の「部-」に用いられているからではないかと推定される。その証拠として、「部落」は、常に「集落」といいかえられているからである。そして今では、「被差別部落」だけが「部落」の名を使用する特権を享受しているようである。

私のこどもの頃は、「民家が一かたまりになった、割合に小さな地区」(『岩波国語辞典』第四版)、「農家・漁家などが何軒か一かたまりになっている所」(『新明解』第四版)などと、辞書が「部落」について述べているようなしかたで、現行のこの語を使い、「集落」などという、どこか生物学で使うような感じのするよそよそしいことばは全く存在しなかったのである。

しかしちょっとここで、これらの辞書の説明にたちどまってみると、これらの国語辞典の説明、とりわけ、『新明解』のは正しくない。まず「部落」といえば、「何軒か」などという小さなものではなくて、そこには寺や神社があったり、小さな商店を含むこともあり、時には郵便局のある場合さえある。

私がこどもの頃、ナニちゃんはナニナニ部落から学校に通っているとか、学校の運動会などでは、ナニナニ部落のものはここに集まれというふうに使っており、このように使われる「部落」は、町や村の下位単位であった。ところが、いまでは、それらの「部落」を、人々は、慣れない口つきで「集落」などと呼んでいる。それを聞いていると、いつの間にみんな役人になってしまったのだろうかと思ってしまう。

私が、「部落」を「集落」といいかえることが、役人的だ、「役人のやりそうなことだ」と思ってしまうのはなぜだろうか、とちょっと考えてみた。ここには、敗戦のとき、じつは、戦前、戦中使っていた用語を、同じことをさすのに、別の用語にいっせいにとりかえた頃のあの、どことなく、うそっぽく感じた、あの感覚がよみがえってくるからだ。

たとえば二月十一日の「建国記念の日」だ。むかしは、この同じ日を「紀元節」と呼んでいた。同じ日を名前だけとりかえて呼ぶのは、何となく、翻訳したような感じがする。私自身は、このうそっぽさを口にするのがいやで、一度も「建国記念の日」などとはいったことはない。いつも「紀元節」である。かつての「新嘗祭《にいなめ》」の十一月二十三日を、「勤労感謝の日」などというに至っては、まったく、英語からの翻訳のように感じられる。翻訳はいいとして、同じ日を、似たような内容のことばでいいかえる方式は、どこかうそっぽい、はずかしい感覚を伴ってしまう。

私が、どうも「集落」などということばを使いたくないと思うのは、そこに、同様の原理がはたらいた、いいにせよ悪いにせよ、役人の工作が加わっているのではないかと感じられるからである。

「部落」ということばは長い歴史をもっている。そして、長い歴史をもっている語彙は、その分、よけいにサベツ的なアカにまみれやすいものである。それに対して「集落」は、にわかにでっちあげたか、他の何かの分野で用いられていたのを転用したものという感じがつきまとう。一八八六年刊行の、ヘボンの『和英語林集成』（第三版）に、「部落」は項目に出ているが、「集落」などということばは見当らない。

これらの語の歴史については、もっと徹底した、くわしい調査が必要だが、いまのところはたなにあげておいて、てっとり早いところで、昭和十（一九三五）年刊の『大辞典』（平凡社）で「集落」の項を見ると、「培養基中に増殖せる細菌の集団」という、生物学用語としての意味だけがあげてあって、今日のような用法は、「聚落」というところにあがっている。このことから推察すると、今の「集落」は、本来「聚落」と書かれていたものを、「集落」と書きかえたところに起源があると考えていいだろう。

それでは、なぜ一般的に用いられていた「部落」が「集落」と言いかえられるようになったかである。これについては、きっと、くわしい研究があるにちがいないが、私がおおざっぱに考えているところによれば、「被差別部落」「部落解放運動」などということばが生じてひろく用いられるようになったため、「解放される必要のない」通常の部落は、被差別部落と区別して、「集落」と言いかえられるようになったのではないか、ということである。

このような区別が進歩であるかどうかの判断は大変むつかしいところである。にわかづくりのことばでも、それが何か、新しい内容や、新しい意欲をもり込むために必要なこともあるが、どうも、「集落」は感心できない。

いったい、このような慣例を作り、ひろめたのは誰かということをぜひ知りたい。そのことによって、被差別部落解放運動史のある側面が明らかになってくると思うが、しかし、これらのことは、私がここでとりあげている本題からすれば脇道である。

本講で私が関心をもっているテーマはなぜ「部族」が避けられて、似たような、しかし内容においてはかなり異なる「種族」に言いかえられたかである。これから先は、またもや推定になるが、それは「部落」の「部-」に差別的なニュアンスを感じた、その同じ人たちのしわざではないかということである。つまり、「部落」をさけて、「集落」と言いかえたのに平行して、やはり「部族」の「部-」をさけて、「種族」に書きかえたのではないかと。

方言を一般化するサベツ語反対運動

あるとき私は、学者たちの研究集会で、「部族」と「民族」ということばを用いて話をしたところ、即座に青柳真智子さん、スチュアート・ヘンリーさんという二人の民族学者から、その「部族」はサベツ語であるから使ってはいけませんときびしい抗議をうけた。こうした感覚は、主として、英語の書物だけを用いて民族学をやっている人たちに見られるいちじるしい特徴であって、この人たちが、「ブゾク」という日本語を口にするとき、じつは、それにあたる「トライブ」(tribe) でものを考えているらしいのである。そうなるのは、おそらく、トライブを日本語に訳すときに「部族」をあてたところに起源があるように思われる。

このトライブはラテン語に発する由緒ただしいことばであるが、現代英語では「通例文明のあまり進んでいない小集団のものをいう」(『ランダムハウス英和大辞典』第二版)

というようなニュアンスを持っている。このニュアンスが、「トライブ＝部族」という公式を頭に入れている英語知り先生たちによって、トライブにあるサベツ感覚がこの公式によって、日本語の部族にも移入されたのではないか、すなわち図式にすれば、「トライブ↓部族」となったのではないかということである。

以上のことから私がいいたいのは、サベツ語反対運動の中には、このような一面が存在するということである。すなわち、もとはある一部の人たちだけに抱かれている感覚を一般化して、局地的なものを一般的なものにひろげるという傾向である。「部落↓集落」、「部族↓種族」といういいかえの背後には、このような、英語の知識を動員してまでのキャンペーンがあったと推定されるのである。

同様の例に、「バカチョン」カメラの「バカチョン」がある。私を含め、極めて多くの人が「バカ」（もちろんホンモノのばかではなく、カメラの原理も使用法もよく知らないという、この点でのバカで、私ならさしずめパソコン・バカ）でも、チョンと押せば写るカメラというふうに理解しているにちがいない。

ところが、私はあるとき、横浜近辺出身の学生から、「チョン」とは朝鮮人のことだという確信に満ちた主張を聞いたとき、ガク然となってしまったのである。

人間がことば使いの自由を認めあうときには、それぞれの方言の価値を認めることが前提である。とすれば、ある語の差別価値は方言によって異なることは当然である。人によっては、そのような差別価値があるということを、自分の言語感覚にてらして、絶対に認めたくないということはあろう。

それだのに、ある特定地域特有の感覚を全国規模にまでひろげ、ついには印刷言語のレベルでのキャンペーンにまで持ち上げるのは正しくないと思う。極論すれば、サベツ語についての方言学的な観点が必要だというのが私の主張である。このようなことを考えてみると、サベツ語が問題になってきたのは、日本語の中央による標準規範化と深い関係があるように思われる。サベツ語糾弾運動はある面では、少なくとも意識の面では標準規格語普及運動と言えないだろうか。

しかし全体からすれば、その種の語はそれほど多くはないであろう。一般に身体や病気に関する領域のことばにやどるサベツ感覚、恐怖の感覚は、全国どこでもほぼ同じだと考えられるからである。

サベツ語の使用に反対することと、それを運動に仕立てあげることとの間には、いくぶんかのちがいがある。この運動の中で、人々がそれまで考えてもみなかった、ことばのかくされた作用や意味に気づき考えることは、サベツ語のみならず、ことばのあらゆる現象にもこまかい観察の態度と方法を養う、いい訓練の場である。この訓練は、考えるという訓練であるから、考えなしの運動になっては困るのである。

このような立場からすると、サベツ語を考えることはサベツからの解放運動のためであると同時に、言語教育、ここでは日本語教育のための有用な一分野であるというのが私の考えである。この「入門」を書きつづけているのも、そういう、いくぶん愛国的な動機に根ざしているところがある。

第12講　豊橋豚のナマクビ事件の巻

いままでのこの連載は、言語にあらわれたサベツ的なるものの意味論的な構造を、なるべく基本的なところまで降りて、そのけばけばしい刺激性のかげにかくれて、よくよく注意してみないと気がつかない、いわば意識の底にあるものに出会いたいという動機からおこなってきた。そのためには、まず、差別語現象にともなって現われるさまざまな附着物をとり去って、ことばだけに即してみるという方法をとってきた。

そのようにしないと、その場その場のできごとに対処するだけで、本質的なもの、普遍的なものにふれる機会がなく、勉強の成果が身につかず、むなしい行事に終わってしまうという不満が残るだけになってしまうであろうから。

といって、私とて、抽象的な議論だけですませられると思っているわけではない。それからまた一つには、私のことをサベツ語についての専門家、その道の権威だと思い込んでいる人がいて、具体的なケースについて意見を求められたり、討論者として呼び出されることがあるからだ。私はその都度、これは困ったことになったなあと、何とか逃げようとするが、逃げられなかったり、時には、これは、自分が何かいってあげないと、ごまかされてしまうぞと思って、ちょっとはずかしいが、受けて立とうと思うことがある。

今回ここに述べようとするケースは、それらの中でも最も記憶に残るものであり、当局やブラクからの糾弾運動に身がまえる側が、どのようにして言語作戦をとってのぞむかを示す典型的な材料として役立つものと思われる。しかも、それを受けて立つ側（糾弾運動側）が、敵の作戦に気づかず、いかにやすやすと敵の手に乗ってしまっているかを、ここにとりあげるケースはよく示している。

ある一つの語がサベツ語だと指摘することは運動の初発においては、運動の大衆化のための一つの段階であったかもしれない。サベツ語一覧表を作って、これらのことばは使わせないようにしましょうというのは、ことばの意味論を考えるための一つの手がかりになるかもしれないが、そうした過程がある程度進んでくると、ことばはそんな単純なものではないと、誰でも気がついてくる。じつは、一覧表に指定した以外のところで、まんまと乗せられることがあるということを、そしてまた、攻める側も防ぐ側も、それに、自覚的に気づいていないというところがおもしろいのである。じつは文学は、こうした戦術を用いて、読者を作者の意図する方向にさそい込み、そこから出られないように、ことばでしばってしまう方法に満ちている。

発端

今から十年前にさかのぼる一九九一年五月、私は豊橋市在住の三人の弁護士さんの連名で、一通の手紙を受けとった。それは、過去五年間にわたって、名古屋地方裁判所豊橋支部で争われている「恐喝未遂事件」で逮捕された二人の被告の弁護のための証人になってはくれないかという内容のものである。事件のあらましを私自身が書くかわりに、まず、この手紙の全文を、ここに書き写させていただこう。

拝啓　新緑の候、先生にはますますご清祥のことと存じ上げます。

さて、突然で申し訳ありませんが、私ども三名が弁護を担当している刑事事件に関してお願いさせていただきます。その事件というのは名古屋地方裁判所豊橋支部に係属しているもので、被告人のOとKは、同封写の起訴状の公訴事実を全面的に争い、五年有余にわたり裁判を続けてきております。

ことの発端は、T建設業協会が同じく同封写の「同和を名乗る団体に対する対策」と題する文書を作成して傘下の会員に広く配布したことにあり、その事実を知ったO

らが抗議したにもかかわらず、T建設業協会は謝罪せず、ことをあいまいなまますまそうとしたということで、Oらが一九八六年一〇月三一日に豚の生首を持参して抗議をするという行動に出たところ、それが恐喝未遂事件であるとして、Oらが逮捕されたというものです。

裁判では、Oらは、やり方が正しくなかったことは認めるものの、それは、あくまでT建設業協会に対する抗議行動であって、恐喝するつもりなど毛頭なかったと真実を訴えてきています。

T建設業協会は、Oらの「直接行動」ののちに、同封写の「えせ同和行為に対する対策について」と題する文書を、やっと作成していることが裁判記録に出てきています。

裁判の後半は、T建設業協会が作成した「同和を名乗る団体に対する対策」と題する文書の内容に焦点を当てて弁護活動を続けてきておりますが、その過程で裁判所に出廷した、右文書の作成者であるT建設業協会会長O・Tは、同封調書写のとおり、同和団体が、団体名を名乗って、同和出身者の雇用を求めること自体に問題があるかのような証言をするに至りました。

そこで、私どもは、T建設業協会が作成して配布した「同和を名乗る団体に対する対策」と題する文書の問題点を、作成者のこのことに対する姿勢もふまえて正しく明らかにするために、鑑定証人的な立場で証言していただける方を裁判所に申請したいという《ママ》考えております。

そうした中で、高木正幸氏の書かれた『新・同和問題と同和団体』（土曜美術社）という書物の中で、「（九）差別問題をごまかすな」というタイトルで、先生との一問一答が紹介されていることを知り、私どもは、先生に前記証言をお願いできないものかと考えるようになりました。できましたらお邪魔してお願いしたいと存じます。

近いうちに電話で連絡させていただきますので、どうかよろしくお願いいたします。

なお、紹介《ママ》等につきましては、事務局担当の弁護士Kの方にお問い合わせ下されば幸いです。

以上、失礼をかえりみず、用件のみを記させて頂きました。

敬具

一九九一年五月一三日

弁護士さんたちの私への期待は、T建設業協会が作成して配った「同和を名乗る団体に対する対策」という文書の内容が差別的であり、したがってこの文書は差別文書にあたるということを、「差別語問題」にくわしい田中の専門のたちばから証言してほしいという要請であると理解した。もし、この「対策」文書の差別性が明らかになれば、被告たちのとった行動は「恐喝」ではなく、「抗議」だということになるという考えであろう。

こうして、実際、五月三十日に、N氏を除く二人の弁護士と被告のO氏の三人がそろって東京国立市にある、一橋大学の私の研究室に来訪されたのである。この日付がはっきりしているのは、その時いただいた来訪者の名刺にその場で、日付を書きこんでおいたからである。名刺のみならず、その後受けとった、厚さほぼ七センチに達する裁判記録の綴りは今日までそのまま保存し、いまそれを机の上に持ち出して来て、この原稿を書いているのである。

この裁判文書綴りの横腹には、Schweinskopf（シュワインスコプフ）と大きくドイツ語で書いた紙を貼りつけて、書架の一番高い天井のところに大切に置いておいたのである。それを、「豚の頭」と書かずにドイツ語で書いたのは、単に私がドイツ語を自慢げに使うからだけでなく、こうしておけば、研究室に入ってくるたいていの人はそのなかみに気がつかないだけでなく、私自身には、印象ぶかく、いつも記憶をあせさせずにおぼえておけるという利点があった。さいわい多くの日本人には気づかれず、誰も注目しなかったが、あるとき、ドイツ学術交流協会のえらい人がやってきて、すぐさまこの異様な書きつけに目をとめて、これは何であるかとびっくりしたようすだったが、じつは私の研究テーマの一つで、いずれこれについて論文を書きます。まあ今日はいいじゃないですかとごまかして、コニャックを杯についだことをおぼえている。

当時は定年さえむかえれば、ゆっくりこの一件文書とつきあえると思っていたが、しかし、十年後の今では、そうした体力はかなり衰えていると自覚せざるをえない。

そんな状態であるから、今回、この分厚い綴りを全部熟読しつくしてこの原稿を書いているわけではない。当時、気のついた箇所に傍線を引き、付箋をつけたところをひろい読みするにとどめる。しかしこの一件文書綴りの中で、私が特におもしろいと思い、貴重だと感じているのは、A土木興業入口のカウンターの上に被告たちが置いた「豚の首の置かれた状況」を写した多数の写真が含まれているところなので、私はその何ページかは、何度もひっくり返して、注意ぶかく読み返した。

これらの写真は、「豚の頭の顔の状況」「豚の頭の左側の状況」「豚の頭の首側の状況」などと説明をつけてくわしく撮影されたものであり、撮影者は豊川警察巡査部長さんである。これらの写真はたいへん興味深いものであり、それが、この綴りをごみに出してしまうのを思いとどまらせている理由の一つである。

差別文書か？

私は、弁護士さんたちが持ってきた、この差別文書なるものが、本当に、差別文書だと言えれば、私にとってはやりがいのある仕事であるし、また弁護士さんや被告の、私への期待にもこたえることができるのであるが、しかし、自分自身が、そうとは思えないとしたら、確信のある証言はできない。そこで私は、できれば「これは差別文書である」と言えはしまいかと、その方向であらをさがすような気持ちで、居ずまいを正して文書に向ったのである。

それはどのような文書であったかを次に示そう。昭和六十一年九月二十二日の日付のある、「同和を名乗る団体に対する対策」と題する表題のもとに十五項目にわたって指示、あるいは申しあわせをメモ風に記した横書き文書である。特に鑑賞して楽しいような名文とはいえないが、やはり、味わうべきところもあるようなので、思いきって全文をのせよう。

〈同和を名乗る団体に対する対策〉

1　国家的事業であり、行政が対応すべき問題である賛助金等の拠出は、一企業が対応すべきものではない。絶対にことわること。

2 一団体に賛助金等の物的援助をすれば益々その団体は、エスカレートすると共に他の同様な団体も動きだす。

3 業界は、足並を揃え、一社なりとも、相手の言いなりになってはいけない。

4 返事は、後まわしにしてはいけない、上司の相談等いいかげんの返事はYESと受け取られるので必ずNOと返事をすること。

5 一人で対応するのでなくて複数がよい、相手の数と合わせるとよい、一人は記録をとること。

6 面会要請があっても極力ことわるとよい。

7 県対策室、警察、弁護士等と相談の上、役員会においてこのような賛助金は、一切出さないことを、議決されていることを明確に伝えること。

8 精神的なゆとりを持って、相手の話は上の空で聞いていればよい。金銭的援助は、背任行為になる。

9 社内にあっては、よく打合せをしておいて一枚板で押し通すこと。

10 失礼は一方的でなく相対的なものであるから問題にすることはない。名刺は出さないこと。

11　コーヒー代、車代、昼食代等は絶対に出さないこと。
12　相当長期戦になることを覚悟しておくこと。
13　会うときは、時間を区切るとよい、後の約束を一〇分〜二〇分以内で打ち切るようにする。
14　企業間における情報交換は密に行ない、行政等関係機関にも報告しておくこと。
15　言質をとられないように特殊な固有名詞等を発言しないこと。

ここに書かれているところから想像されるかぎりでは、「同和を名乗る団体」（以下名乗り団体と略称する）が、会社などに対して「賛助金」をせびったり（1、2、3）、そのために「面会要請」（6）を求めたりすることがときどきあったということである。またそのほかにも、「コーヒー代、車代、昼食代等」（11）を求めることがあったらしい。その実態がどのようなものであったかはわからないが、たとえば町内会の夏祭りの寄附を求められたときなどにもそういうことがありうるように、「賛助金」せびりは、せびられる会社にとっても苦手なことであったろう。

したがって、そういう災難をうまくかわすためには、会社側が一致団結して、あそこでは出したがこっちでは出さなかったということがないように、前以ての申しあわせが必要だったのであろう。あるいは、（2）に言うように、ある名乗り団体には出したのに、この名乗り団体には出さないというようなことではぐあいが悪いから、「業界は、足並を揃え、一社なりとも、相手の言いなりになってはいけない」（3）というとりきめになるのは自然のなりゆきであろう。

以上見たところは、いわば合理的なとりきめといえるが、相手を見て応待のしかたをかえろ、というふうな指示になってくると、すでに差別的であり、それゆえモラルにもかかわってくる。「いいかげんの返事はYESと受け取られるので必ずNOと返事すること」（4）というのは、名乗り団体との応待のときにだけ有効な態度というわけではなく、他のいろいろなケースに応用できる戦術であるから、特に差別的とはいえないだろうと感じた。

第8項の「精神的なゆとりを持って、相手の話は上の空で聞いていればよい」という申しあわせは、じつに興味しんしんであり、「上の空」にしていようと思っても、そうはいかないこともあるだろう。私などは、話がおもしろければ、決して「上の空」とはいかないから、こうした指示はときに無理な注文になることもある。

これら全項目に目を通してみて、私としてはこのような申しあわせが「専門家のたちばからして」「差別文書」であるとはとてもいいにくい——残念ですが——と弁護士さんたちに答えた。

表現はいろいろとおだやかでないところはあるが、「賛助金」を出すか出さぬかという攻防戦にかまえて、企業側が結束してこのような戦術に出るのは当然であり、戦術そのものは差別的だとは断定できないからである。弁護士さんたちの失望は大きかった。

ところで、この「対策」心得には、九月二十四日付けで「同和問題研修会」への出席を求める文書がついていた。対象は「経営者並びに企業内担当者」であり、十月七日と予定されていて、さきの「差別文書」が、そのいわば研修用資料としてつけられていたことがわかる。この「研修会」で、「うわの空で聞いていればいい」などという技術を研修したらしいのだが、それは私も出てみたいような、たいへんおもしろいものであったにちがいない。

しかし問題なのは、この研修会の講師が、「愛知県民生部同和対策室室長補佐」氏だと書いてあるところで、おもしろいではすまされない、すこぶる問題だと思った。企業が集まって研修するのはいいとして、「うわの空で聞いていればいい」というような研修をする場所に、おもてむきだけでも中立を守らなければならない県が、企業に戦術を教えるというのはどうだろうかと思った。

そこで、私ははっきりとおぼえているのだが、「豊橋ってのは相当ひどいところですね」と思わずつぶやいたら、被告も弁護士さんもきげんを悪くしてしまったことだ。こういうのをパトリオチズム（愛国心、愛郷心）というのだろう。

私も日本人だから、日本のことをいろいろと批判しはするが、日本をまるごと否定されるといい気持ちはしない。二〇〇〇年には、豊橋にある科学技術大学のシンポジウムに招かれて行ったので、豊橋という町をじかに知る機会を得たのだが、たしかにあのことだけで豊橋をまるごと悪くいったのはよくなかったなと思った。

いろいろと考えてみたが結局、弁護士さんたちに伝えたのは、この文書はブラク差別の思想を述べたものとはいいがたく、名乗り団体への戦術を述べたにとどまるから、私からすると、サベツおよびサベツ語使用についての批判の対象にはならないと答えるしかなかったのである。しかし、今から考えると、もう少しなんとかする余地はなかったのだろうかと思われる。

九月二十二日に作製されたこの「差別文書」にもとづいて研修会が行なわれたのが十月七日であったが、それからちょうど一週間後の十月十四日になってこの文書が発見された。弁護士さんたちの作ったまとめによると、このことは「差別文書発覚」となっているが、その傍らに私は赤エンピツで「対策文書」と書き客観的に冷静に考えると、それをサベツ文書と見る以前に、「対策文書」という認識を共有していれば、こっちの作戦も、いくぶん異なる展開をしたのではないかと思われる。

しかし被告のOさんたちにとっては「差別文書発覚」である。なぜ「発覚」かといえば「名乗り団体」に気づかれないよう、「こっそりと」かくれてやったからである。

メモによると、十月六日、Oさんたちは県の同和対策室へ抗議に行き、次いで「T建設業協会」へも行った。そうして協会長は謝罪した。メモには「その他職安・市へも当日行く」とあるのは重要である。この「恐喝未遂事件」には雇用サベツの深い底流があり、それへの怒り、抗議であったことを暗示しているからである。

豚の頭は首か生首か

「申し合せ」を差別文書だと断じて、そのような証言をすることは私にはできないことが明らかになったので、被告たちが訴えられている「恐喝」の方の検討に入ることにした。

そこで私は昭和六十一年十二月二十四日の起訴状の「公訴事実」に次のような一節を見出した。

○……被告人三名が同年十月三十一日午後一時二十分ころ、右会社〔ＴＨ建設工業〕事務所に赴き、被告人Ｙにおいて、右ＫＢ〔総務部長〕に対し、部落差別を助長した旨を内容とする抗議文書等を机上に置いて、「これをみろ、徹底抗戦だ」等と怒号し、所携の豚の生首を同事務室内の机上に置き、もし被告人らの右要求に応じなければ、同会社の信用、財産等にどのような危害を加えるかも知れない気勢を示し……同会社から金員を喝取しようとしたが……更に同年十月三十一日午後二時十分ころ、……右ＴＨ組事務所に赴き、被告人Ｙにおいて前同様の抗議文書など二通を同事務所のカウンター上に置き……「お前んとこの部長がこういうことをやったで、俺達は断固抗議する。部長におみやげを持って来た」と怒号して同カウンター上に豚の生首を置き……同会社から金員を喝取しようとしたが……。

○同年十月七日午前十時三十分ころ、被告人三名で再度右会社事務所に赴き、「関西では牛の生首を投げ込まれたり、工事現場にバリケードを張られたりして工事ができないようになったところもある」等と怒号し……「これを見よ。お前らなめんとんなよ。徹底してやったるでな、おみやげだ」と怒号するとともに所携の豚の生首を同カウンター上に置き……。

○更に同年十月三十一日午後一時三十五分ころ、被告人Ｙ、同Ｏが、右Ｃとともに再度右会社［AY建設］事務所に赴き、同事務所のカウンター上に前同様に抗議文書など二通を差し出し……「これが、お前らが出した差別文書だ。これが俺らの抗議文だ。おみやげに持ってきたで受けとれ」と怒号するとともに豚の生首をカウンター上に置き……（傍点は田中。以下同様）。

と一連の事実があげてあり、罪名は「恐喝未遂」と記されている。

「被告」たちがなぜこのような挙に出たかは、「暗に金員の提供を要求」した事実はあったにせよ、仕事を「同和にやらせてくれんか」とYが法廷で述べていることから、背後に、やはり、採用差別があったことをうかがわせている。

ところで、起訴状に記されている「携行せる豚の生首」は、事件当時、問題の「生首を置いて」から、ほぼ二時間の後、午後三時三十分から同四十五分までの間に、巡査部長H氏が撮影したカウンター上の現場写真には、「豚の首、ビラ、及びパンフレットの置かれた状況」と説明がある。またパンフレットの写真には、「豚の首が置かれていた頁」という説明がある。

また、同じ日、H組事務所における同様の事件現場写真は、司法警察巡査部長KH氏によって撮影されて、その写真には「豚の頭が入っている袋の状況」と説明があり、二枚目には、「豚の頭の顔の状況」と説明があり、これには正面からみたところが写っている。三枚目は「豚の頭の左側の状況」とあり、四枚目は「豚の頭の首側の状況」がある。それは「顔」の場合とは逆の、いわば後側からとってあって、そのことが「首側」と表現されている。次の写真は「豚の頭の右側」の状況である。最後の写真は、立会人が「ここに豚の頭を置いた」と指さしている状態を写している写真である。

現場写真のとりかたとしては、このKH巡査部長のものがもっとも客観的で、したがって私には最も気に入ったものである。少なくともこの人は、豚の頭部を顔（!）、首、頭などとくわしく区別していて、私も同じ仕事をさせられていたら、KHさんと同じように写真をとって、同じように説明をしていたであろう。

ここで私は、恐喝行為に使われたこの物体が、さまざまな呼びかたをされていることに注意を喚起したい。そしてその呼びかけかたには、ある変化の方向が見られるということを見逃してはならない。

そのモノを文書の中で最初に呼んだのは、現物の写真をとり、それに説明をつけた巡査部長さんたちであって、それは、「豚の首」あるいは「豚の頭」である。どちらがより客観的であるかといえば、「首」よりは「頭」であるという感じがする。

なぜそのような感じ方が生まれるのかといえば、首の方には「首を斬る」とか、「打ち首にする」とかいうように、処刑とか、敵意をもって殺すなどの連想を引き起こす力があるからである。つまり、首という語を提示すれば、頭部の切断というところにおのずと聞き手をさそい込むはたらきが現れるというしくみになっている。

「首」の本来の意味は「頭と胴とをつなぐ細い部分」（『岩波国語辞典』第四版）であり、目や耳や口がついているところは首とは呼ばない。頭であるこの同じ部分を「首」という時には、こうして特別の感情価値がともなうことになり、ここにはそれを強調する工夫が無意識にせよはたらいている。

この事件においては、発端の時点では、「豚の頭」と呼ばれていたであろう。それが判決文の中で書かれたときには、「豚の生首」となっていることには特別な注意を向けなければならない。

もう一度、時間の流れにそって整理してみよう。

現場の写真をとった昭和六十一年十月には、「頭」ないしは「首」であった。ところが二カ月後の十二月の起訴状においては「豚の生首」へと発展した。これ以後、もはや、そのモノは頭だの単なる首ではなくて、「生首」と呼ばれることになり、そのように検察側が呼びつづけただけでなく、被告側も受け入れてしまっているらしいのである。

昭和六十三年十一月二十八日の第二十回公判速記録によると、検察官は、

それから、十月三十一日、このTH建設工業にO被告人とC被告人とYとで行って豚の頭を置いてきたりしたということですが……

と聞いたり、

豚の頭というのも一応は三河支部に持ってきて、そこから出発したということでしょうか

などとたずねている。

ところがその一カ月後、十二月二十六日の第二十一回公判では検察官は、

それで、やはりH組にも豚の生首を持って行ったということですね

と問い、首の前に「ナマ」を入れた。この同じ（と思われる）検察官は、

それから、豚の首とかを配ったり、抗議文書を持って行ったことについて聞きますけれども、……

と一度は「首」にもどっているけれども、その後は、

――豚の生首と抗議文書を配るということについてですね。

――「抗議の」方法というのは、抗議文書と豚の生首だったと、それについては疑問を感じたということですか。

――それで、少なくとも生首とか、抗議文書を出すのはやり過ぎてはないかと。

――それで、実際に豚の生首を買いに行くとき、K被告人は付いて行かなかったわけですが、それは、やはりその行動自体がやり過ぎだということで……。

――豚の生首がやり過ぎだから残るんだということは伝えましたか。

というふうに続いている。

その翌、平成元年一月二十七日の第二十二回公判では、主任弁護人（T）は、

――あなたは現に豚の生首のときには、嫌だとはっきり言ったわけですね。

――しかし、今度の豚の首の事件につながりますね。

このように弁護人は、「豚の首の事件」というふうに客観的な言い方をしているかと思えば、たぶん検察側が使いはじめた「豚の生首」をそっくり採用して、あるいはおうむ返しに使うことによって、大きな誤りを犯したと私は思う。

次いで平成元年六月三十日、第二十九回公判速記録では、主任弁護人K・Oの、「あなたとしては、どの行為が「ああ、やっぱり強引だったかな」と思うんですか」との質問に、O被告は、

――まあ、豚の生首を持っていったことです。

と答え、何度もの公判の過程で次第に定着していった「生首」を、被告自身が使うようになっている。被告が、質問のことばを、いわばおうむ返しに答える傾向があることは、

その翌、平成二年二月二日の第三十七回公判の記録を見ればよくわかる。ここでは弁護人(N)は、

——先ほどもちょっとあなたが触れられましたけれど、豚の頭を持参していることについて述べてください。

と質問しているのに対して、証人Cは、

——まあ、豚の頭を持っていくということは、誠にやり過ぎたなと、今でも反省しております。しかしながら、私ども同和部落では、豚の解体だとか、そのようなことを、今なお、やっております。……ですから、このようなものを持って抗議に行ったというようなわけなんです。

傍線は、被告たちの行動を理解する上でたいせつな示唆を含む部分だと考えて、私がつけた。

豚の頭は、解体に従事する人たちにとっては、日常身近なモノであり、それをかなり

特別なニュアンスを持った、「生首」などということばで呼ぶはずはないのである。「生首」は解体作業などに従事しない者にとってはじめてありうる表現なのである。

頭、首からナマクビへの発展

私の推定では、家畜の解体という作業が、自分の生業であったり、そうでなくとも生活の身近にある人たちが、家畜の頭部を指して、決してナマクビだなどとはいうはずがないのである。もしかして、何か、その職場特有の専門用語があるかもしれない。ヤキトリ屋では、しろうとまでが、ハツだのミノだとか通ぶっていっているから、そんな風に想像してしまうのだが。はっきりしていることは、ここで被告にされた人たちが、なんとか建設会社にナマクビをほうり込んでやろうと、最初から、このことばを使って相談していたとは考えられないのである。せいぜい、アタマとか、ほとんど考えられないことだが、クビとかといっていたのではないだろうか。

豚のアタマをまるごと売っている肉屋さんがあるかどうかを私は知らないし、また一般の家庭に、そのような需要がしばしばあろうとは考えにくいが、もしそのような必要があったとしたら、たとえば、誰々さん、豚のアタマを一つ買ってきてくれないかというであろう。そして、クビを一つ買ってきてくれとはいわないであろう。

私は濃厚な肉食を愛する人間ではないので、そうした場面を想像してみる資格はないのであるが、たとえば、今日は豪勢にブタ料理を作ろうということになったとして、「父さん、これからブタのナマクビを一つ買ってきてください」と頼む主婦はいないだろう。たぶん、アタマをまるごと買ってきてねと頼めば、不自然とは感じられない。

以上のように述べてきて、私がいいたいのは、あるモノ（対象）を指すのに、まるで理科の教科書に述べるように、客観的、記述的なことばを使うこともあれば、それに、ある一定の観点から「美しい」「おそろしい」「敬意を表わした」「蔑視した」などの、さまざまな感情や価値判断を加えたことばの使い方もあるということである。

こうした感情価値の加わったことばは、時代の変化とともに、そのような価値が失われて、ごくあたりまえのことばになったり、あるいは、ごくあたりまえの、客観的、記述的なことばが、ある特別なできごとや条件のもとで、ひどく刺激的な価値を帯びることもある。ここから、あることばをめぐって、サベツ語か普通語かということで攻防戦が起きるのである。

人は、あることばを客観的記述的に、まるで蒸留水のように使うことは、特別の場合――たとえば実験室のような、非日常の世界を除いては、あり得ないのである。たとえば最もふつうの単語、「水」をとってみてもそうである。「水」にはつめたい、さわやか、のどをうるおす、やすらぎと快さなどのイメージがあるが、降りつづいた雨の後に、鉄砲水のおそれがあるときに、だれかが「水だ！」と叫んだら、それはおそろしい、身の毛もよだつことばになる。サベツ語について考えるということは、ことばの、いままでほとんど学問的に体系化されていない、そのような未開拓の世界に挑むということなのだ。

こうしたことを展望に入れて、豚の頭部を指すのに、裁判所が用いたことばをもう一度整理検討してみよう。

まず「豚のアタマ」は、家畜のからだの一部分を客観的に呼んだ名で、それ以外にいいようがない。それをクビと呼んだついでにわざわざナマを加えてナマクビまでずらしたときに、豚のこの部分は意識的に特別の色づけを帯びることになり、その効果を、建設関係各社と当局はそろって利用したのであろう。もちろん、ナマクビに対するこうした語感は方言によっても、また職業によってもちがいが出るかもしれないが、この点を、平均的な記述主義的国語辞典でたしかめると、次のようになっている。

なまくび〔生首〕斬られて間もない人間の首（『新明解国語辞典』第四版）

さらに、古典的な用法によれば、

生首　斬レルママノ、人ノ頭（髑髏ニ対ス）。用例「昨日鮮カニ、サカサカシゲナリシ有様ニ、今日ハ魂モナキ生首」（大槻文彦『大言海』）

となっていて、「ナマクビ」は本来、人間について用いられるはずのものであることがたしかめられる。それを豚に移して用いたところが、この恐喝行為に、ある方向づけを与えた。極めて残忍で陰湿でおそろしげなふんい気をかもし出す効果を。このことは、訴えた側も当局も何となく気づいていたはずであるのに、どこかの過程で、ナマクビが登場し、その、感情価値の高さに注目したこの人たちが、こりゃ、うまい方法だと考えて、ある時点からずっとナマクビで通すことになったのである。もちろんこうした心理過程はみな、半ば無意識のうちに起きたものであろう。しかし捜査の当初からそうではなかったことは、すでに指摘したように、その直後に現場で「豚のアタマ」を写真にとった、二人の巡査部長さんの説明からあきらかである。

私はこの分厚い一件書類綴りをあちこちとひっくり返して読みながら、被告たちが抗議のために持ち込んだモノを、なるべく、不気味なものに仕立てあげるために、ついには人間の切断された頭部を連想させる名称を当局側が、いな検察までもが動物の上に移転させて用いたこと、いなそれにとどまらず、弁護側までが、いつのまにかそれに乗って、同じ表現を採用してしまったことを甚だ残念に思うのである。

ナマクビ自体は決してサベツ語ではない。少なくともそれはサベツ語のリストには載っていない。しかし、サベツ語とは本来、ある状態やモノを偏見をこめて描き出すことによって創られる。

豚の頭部を、クビと呼ぼうが、あるいは新鮮であるという理由でナマクビと呼ぼうが、それが指している対象(モノ)は同じである。ことばというものは、理科の教科書のように、ある対象を、客観的に、中立的に描き出すだけでなく、そのモノの見方、評価を含んでいる。文学は何よりも、ことばによって、作者の評価を示しながら、知らず知らずのうちに読者を誘導して行く点で、理科のことばとは異なる。

ここで取りあげた、「豊橋ブタのナマクビ事件」は、こうしたことばのセマンティクス(意味論)にかかわる作戦がせいーぱい用いられている点で、忘れてはならない、興味深いケースであると思う。そして私がここにこうして書き残しておかないと永遠に忘れ去られてしまうはずである。

私は、たまたま持ち込まれた依頼にかかずらわって、人生のある時間をムダにしてしまったとは思いたくない。ここで出会った例は、意味論研究にもふかくかかわる症例である。この問題を考えながら、私はかつて読んだ研究書のことを思い出した。この問を正面にすえて論じた古典的著作は、ハンス・シュペルバーの『意味論入門』(初版一九二三年)であると。ドイツ語の著作で翻訳はない。日本の研究者で、シュペルバーのこの本に言及した例はないが、邦訳になったものとしては、ピエール・ギローの『意味論』(文庫クセジュ)の中でかんたんにふれてある。

この著作に出てくる「コンソツィアツィオン」の理論にならっていえば、ナマクビ——殺人——処刑などの、実に陰惨な連想を、ブタの頭を介して、この恐喝事件に結びつけることに成功してしまった段階で、もうこの裁判の勝敗は、動かせぬところにまで来てしまったのである。シュペルバーは中世ドイツ文学を材料にして述べているだけであるが、そこで用いられた分析の手法は、今日、もっともっと活用されなければならないと思うのである。

とにかく、一九九一年七月二十日、私は被告や弁護人から乞われるままに、意見書を提出した。それは「差別文書」についてである。しかし同年八月二十一日に提出した「補足意見書」では、今までここに述べてきた内容を含むところを、もっとカミくだいて書いた。そのしめくくりの部分でこう述べている。

「日本の裁判の公正をまもるためにも、捜査から起訴状に至る間に生じた、この意味論的展開の過程を解明されることが必要であると感じた」と。

私の証人尋問の請求は平成三年九月四日に却下された。「同人〔田中克彦〕が提出した意見書を検討しても、更に、右各事項について同人に証言させる等により、証拠を得るべき必要は認められない」と決定理由が述べられている。

私の意見書は、法律関係者からみるとあまりにも、ことばのせんさくに立ち入りすぎたように見えたかもしれない。

私としては、もっとしつこく食いさがってみるべきであったかもしれないが、何よりもまず被告自身が、裁判の続行を断念してしまい、弁護人たちにも、そんなことにかかずらわってはいられないという気持ちがあったのだろう。少なくとも、私はかなりかたよった趣味をもつ人間だと見られているのではないかという私の遠慮があった。

また被告には、かれらの地域における日々の生活があり、そのことを考えると、裁判を続けることは生活全般からみて有利ではないという総合判断があったのだろう。しかし私は、「この問題は、少なくとも、日本の法廷では扱われないかもしれないが、じつに深い学問的な問題なのです。あんたたちがやめるといっても私はやめませんよ。そのために、皆さんに多少のめいわくはかかるかもしれませんけれどもね」といって別れた。

今回、ここにこうして書いた、十年以上も昔のできごとを引きずり出してきたことで、被告のかたがたにも弁護士さんたちにも、もしかしてめいわくであったかもしれないが、こうして、定年になって研究室を空けわたすときに、他の書物とともに忘れずに持ち出し、その後も、何回かの引っこしの都度持ち歩いてきたこの分厚い一件書類「ブタのナマクビ事件」と別れるためにも、このようにして書きとどめて置かざるを得なかったのである。

その目的は、もしかして肉屋さんから買ってきたかもしれない、豚肉料理の材料を、わざわざ、陰惨な人間の殺戮のイメージをかぶせようとしたこのやりくちを見逃したことは惜しんでもあまりあることであり、それになによりも、家畜の解体作業にたずさわる人たちへの許しがたいブジョクであると思われないだろうか。この点で私はOさんたちのうらみを晴らしてあげようとしたが、成功しなかったことで二重にくやしかった。

肉屋さんが家畜の死がいを売っていて、消費者は、その死がいを買いに行くのだとはだれもいわないのと同様に、豚の頭は決してナマクビではないのである。私は一人でずっと腹をたて続けてきた。そしてサベツ語糾弾運動は、もっともっと、質的な向上、深い考察へと進まなければならないと思ったのである。

あとがき

本書のもとになった原稿は一九九七年朝日新聞社の季刊文芸誌『小説トリッパー』に「差別語入門」として連載されはじめたが、二回で終わってしまった（一九九七年秋季号、冬季号）。原稿の依頼者は、はじめは大変な意気ごみで、連載が完結したら本にするつもりであると言った。ところが三回目の原稿を受けとったその人は、私にはよくわからない理由で、この原稿は掲載できないし、以降もそうだ、「伏してお詫びを」と書いてきた。

このような結果は、ある程度予測できたことである。というのは、サベツ語を論じようとすれば、サベツ語を題材にしなければ話がすすまない。当然のことながら、私はほとんど遠慮することなく、サベツ的なことばも実例としてくりかえし用いたから、出版社としてはぐあいが悪かったのであろう。さらに当時としては、別の理由もあったと思われるが、それについて書くのは楽しくないからやめる。

連載をことわられたので私は、以前から同様な内容の文章を求めていた『部落解放なら』（第十一号〜第十四号、一九九九年〜二〇〇〇年）に、籍をうつして第7講からの連載を続けることにし、結局第12講まで無事に続けることができたのである。その間の事情は、本書七五ページ以下に述べてある。

場所をかえてのこのような連載を、私自身は心の中で、「こりゃジプシー連載だなあ」とつぶやいてみたが、すでにこの表現じたいが、サベツ語を用いていることに気がついたので、いや、「放浪連載だ」と言いかえたのである。ではジプシーをやめて「ロマ連載」と言いかえたらどうなるか。日本ではまず通じないし、それに全くおもしろくない。「ジプシーはサベツ語だ」という情報が伝わると、一度もロマ（ジプシー）に出会ったことのない人までが、私を糾弾するであろう。だからこの表現はひっこめることにし、「場所をかえての連載」と言うことにした。

もう十年以上も前から、明石書店でぜひサベツ語の本を書くようにと強く求め続けていた社長の石井昭男さんから、約束不履行で告訴するとまで言われたので、この段階で一冊の本としてまとめることにした。

私が本を書かないから告訴すると迫った石井さんを、ちょっとこわいなあと思ったが、うらんでいるわけではない。おそまきながら生きている間に（私のみならず石井さんも）、こうしてとにかく約束がはたせたことで、ひとまず肩の荷をおろした気分である。

読者の中には、なんだ、こんな大げさな題をつけても、大したことは書けてないじゃないかと思われる方がいるかもしれない。その方々には、本書を踏み台にして、議論をさらにぐっと前へ進めていただきたいと願うものである。

二〇〇一年一〇月　国立

田中克彦

ちくま学芸文庫版へのあとがき

この本がはじめて世に現われてから十一年がたつ。十一年は、ことばの長い歴史から見れば、ほんの一瞬にすぎない短い時間なのに、人々のことばに対する意識や態度の方は大きく変った。

いや、ことばに対してだけではない、世の中に何か不具合があると感じても、それをかんたんには口に出さず、自分だけが、まわりから目立つことをおそれるかのように、用心ぶかくふるまうようになった。何かを積極的に発言することは、こどもっぽく思われるかもしれない、そんなことで不利益を受けることがないようにと警戒心がさきに立つのであろうか。

こうしたおどおどした気分は社会全体にみなぎっているから、若い人たちがむきになって議論をすることが少くなり、物わかりよく既存の秩序に従ってあらがわず、無駄な争いに巻きこまれることを賢く避けようとしている。

若い人たちがそうだから、困ったことに、この重苦しい空気は大学の中にさえみなぎっている。世の中にあらがうことが、自分の役割だとばかりに議論を好むはずの学生諸君までが、まずあたりの様子をうかがってから口を開くというふうになるだけではなく、その学生たちを育てる教師の方までが、めんどうなことには手を出したくないという、「良識」の奴隷になっているのではないかとさえ感じられる。大学こそは、果敢に冒険に挑む自由を保障する空間であったはずだ。

これを全体として見ると、重苦しい保守主義が、日本全体をおおっていることが感じられる。この全般的な保守主義はまた、人々のことばに対する関係にも現われている。外国語の経験もあまりない人たちまでもが、日本語はすばらしい、美しいことばだ、この美しいことばをまもらなければと言いはじめた。かれらはほんとにそう心から思っているのか、はなはだ疑わしい。

ほんとは、日本語には困ったところがいっぱいあって、それが日本と日本語の発展にブレーキをかけている。それには目をつぶってひたすら日本語ぼめをくり返していれば、愛国的でいい人間のように思われるからだろう。

しかしこの日本語ぼめは、そうしていれば世間に気に入られる評論家や作家、それを宣伝すればうまくいっている新聞や出版社の製品からの単なる口まねにすぎないのではないか。

「外国語を知らないものは、自分のことばもまたよく知らない」という、ゲーテの感慨からみれば、人々はもっとことばをひろく学べばいいのに、そういう努力をする人はますます減っている。日本語ぼめは、ほんとは自分の怠惰をかくすうまい方法なのだ。ことばの議論といえば、かならず日本語をほめ、それによって外国語をやらないでいるなまけごころをごまかす――これが言語的保守主義の大きな特徴の一つだ。

このような現在からふりかえってみると、一九七〇年代にたかまりを見せた、あの「差別語糾弾運動」は、まるで夢のような話になってしまった。

ことばの問題については、知識や教養をたっぷり身につけて、「我こそは日本語の品格のまもり手たる文化人だ」と自任している人たちに向かって、不意をつくような問題をつきつける運動に、まるで文章も書いたことのないような人たちすら参加したのだ。

ことばの問題の決定権は、特定の知識人や文化官僚の手にのみまかせてはいられないぞ、差別されている人たち、言いかえれば、日本の文化・言語政策の主軸からはずされてきた自分たちにも考えがあるんだと声をあげたのである。

しかしその作戦は相当に荒っぽいものだった。にもかかわらず私は、日本語の歴史の上で、かつてないこの動きを国民的言語教育のチャンスに仕立てあげられないものかと考えた。文化を上からではなくて、下から動かしてみる――この運動の担い手こそに、言語学的な考え方や態度という栄養分を提供できないものかと考えたのである。

この運動の荒っぽさは、学生騒動の荒っぽさとつい（対）をなしていた。ちがいは、学生をやっているのが不満なら、学生やめちゃえばいいじゃないかと言えるのに――事実私はいつも学生にそう言っていた――ブラクの人やしょうがいを持つ人たちは、それをやめようにもやめられないところだ。

私はサベツ語糾弾の催しに招かれれば断らずに出かけた。しかしその際、かならずカバンの底にハブラシとタオルを入れておくことを忘れなかった。これは学生たちに二泊三日とじ込められて、病気の家族がありながら家に帰れなかった経験にもとづいている。

そもそも私は解放同盟にやとわれているのではないから、議論は徹底的にやって、いいかげんに引きさがりたくなかったからである。

この議論に負けたら、私の言語学も、したがって私の一生も負けだとばかりに、この「荒行《あらぎょう》」にのぞんだのである。

言語学といわずとも、ことばをテーマとする学問は、あまり多くの知識は必要でない。きちんとすじ道をたてて考えればいいから、大衆的な基盤をもっている。その反対側にはたとえば歴史学がある。これは何よりも、たくさんの人の名前やできごとの年代をおぼえておかなければならないので、ほとんど働かなくていい、ひまのある人たちの手ににぎられていて、しろうとには口の出せない世界だ。

それに対して、ソシュールはかれの『講義』の冒頭で、近代言語学の特徴を次のように言い表わしている。

文字の知識はことばを見る目をくもらせ、歴史の知識の介入は話す人の判断をゆがめる

このソシュールの気持をうけついで、私は、いろいろな知識をためこんでおかないと人前で何も意見を言うことができないような学問を「不潔な学問」と呼び、そうではない、知識ではなく、ものごとのことわりだけをひたすら扱う、風通しのいい学問を「清潔な学問」と呼ぶ分類にたどり着いたのである（岩波新書『名前と人間』まえがき）。

言語学は、ものごとのことわりを本気で考える人なら誰でも参加できる学問であるはずだから、知識で人をおどしつける罪から最も遠い学問のはずだ。だから、方言の話し手とかブラクの人たちとか、要するにことばの問題でつらい思いをしている人たちには、この学問のさし出している考えかたを何とか身につけて、これからさきうまくたたかってほしいという思いがあった。

言語学をやっている人たちも、世間の人たちの知らない外国語の知識をふりまわして、小さな穴にとじ込もるのではなく、現実に起きていることばの問題に身をさらして荒行をやってみてほしいという思いがあった。

ことばの歴史は、ことばが発生して以来、ずっと権力闘争の歴史であった。ことばを人間の手からとりあげて、神の手にゆだねてしまう勢力があり、また地域のことばを方言と

しておとしめ、中央がことばの権力を奪いとろうとしてきた。

この権力集中のために協力しているのが、学識と教養を身につけた「文化人」と呼ばれる社会階層である。ことばの問題はほとんどこの階層の手ににぎられている。作家、評論家、新聞製作者はたがいに利益をわかちあって、最終的には言語の権力を国家的・政治的権力に奉仕させている。それはナショナルな権力である。そうならざるを得ないわけは、今のところ、言語の存立はナショナルたらざるを得ないという本質的な問題につきあたってしまうからである。

サベツ語を糾弾する運動は、私の解釈によれば時にナショナルなワクをはみ出しそうなおそれがあり、それが私を、身動きがとれないような困惑の中におとし入れるのであるが、この問題を論じるには残念なことに私にはまだ十分な準備ができていない。

ことばの問題は、ほとんど無意識のうちにじわじわと蓄積され、ある時間がたつと、ことば全体に影響があらわれる。目下のところ、そのような現象は、原子力発電の不調あるいは失敗をめぐる言説の中にあらわれている。

当局は、漢字の見なれない組合わせを作って、問題の本質をくもらせたり、そこから焦点をずらさせるための言語操作を次々に発明している。放射能の被害がはかり知れぬ深さをもって進行してゆけば、この言語操作はさらに洗練されて行くにちがいない。

その過程で生み出される原発用語に対しては、サベツ語糾弾運動が問題とした際に学んだ経験が役にたつ場合もあるだろう。ひろくとらえれば、意味論的《セマンティック》な作戦の原理において共通するが、しかしそれをはるかにこえることはたしかである。

放射能技術の専門家と役人が案出したさまざまな営業用語がまるで当然のようにひろく人々に受け入れられてしまえば、その営業用語に込められたイデオロギーが、人々の心理をもそれに従わせ、むしばんで行くであろう。こうした営業用語は、体系的に計画的につくられるが、その一方で「放射能がうつる」というような日常的で自然発生的な表現と、その背景にひそんでいる意識とは、根底に生理の感覚を伴っている点で、かなり「サベツ語」の原理に近いところがある。十万年も消えることがないといわれる放射能被害にかかわる言語問題にとり組む気持のある人は、いまからそのためのキバをみがいておかなければならないだろう。

この本は明石書店の石井昭男さんの強いすすめで、ずい分時間をかけて書いた。何年かかってもできないので、「約束不履行罪で訴えてやる」とどなられたこともあったことは、本書のなかでもふれたとおりである。

しかし苦労の割には、この本は売れなかった。この長い題名がわざわいしたのも一因であろう。題名のわざわいは長さだけではない。サベツ語運動をやっている人は、決して言語学をのぞこうとしないだろうし、言語学に関心のある人は、サベツ語などからは顔をそむけてしまうだろう。結果はいずれの側もこの本を手に取るはずがないということになる。だがその矛盾をあえて目立つようにかかげたいというのが私の理想である。しかし理想は人々の雑沓の中でふみにじられて、粉々になってしまうのが運命である——と思っていたところに、筑摩書房編集部の藤岡泰介さんから、学芸文庫の一冊に入れてやろうとの申し入れがあった。私が大喜びしたことは言うまでもない。明石書店も、この本がちくま学芸文庫に入って、新しい人生を送ることに反対されなかったということで、かつての遅筆の罪をわび、ここに感謝の思いをのべさせていただきたい。

この機会に全体を読みとおして誤植や読みにくい場所をなおし、いくつかの書き加えを行った。この作業では編集部にたいへんお世話になった。

二〇一二年五月七日　国立

参考文献一覧

この本を書くにあたって、参考にした論著は、その都度しるしておいたが、便宜のために、特に読者にも関心を払っていただきたいものを、ここにまとめて示しておく。列挙の順序は、和文欧文を問わずアルファベート順である。

明石書店編集部『朝鮮にかかわる差別表現論』明石書店、一九八四年
青木人志「動物に法人格は認められるか——比較法文化論的考察」『一橋論叢』一九九九年一月号
Brown, R., Gilman, A. The Pronouns of Power and Solidarity, in Sebeok, Th., (ed.) Style and Language, Cambridge/Mass 1960.
Diener, W., Hunsrücker Volkskunde, Bonn 1962.
エンゲルス『家族・私有財産・国家の起源』（一八八四年）国民文庫、岩波文庫
Findeisen, H., Schamanentum, Stuttgart 1957, Kohlhammer（訳）和田完『霊媒とシャマン』冬樹社、一九七七年
Fokos-Fuchs, D. R., Rolle der Syntax in der Frage nach Sprachverwandschaft, Wiesbaden

1962.

Gabelentz, G. von der, Die Sprachwissenschaft 1901.

Guiraud, P. La Sémentique（訳）佐藤信夫『意味論――ことばの意味』文庫クセジュ、一九七二年

Harva, Uno, Die Religiösen Vorstellungen der altaischen Völker, Helsinki 1938.（訳）田中克彦『シャマニズム――アルタイ系諸民族の世界像』三省堂、一九八九年

Klemperer, V. LTI, Notizbueh eines Philologen, Berlin 1947.（訳）羽田洋他『第三帝国の言語〈LTI〉――ある言語学者のノート』法政大学出版局、一九七四年

小長谷有紀『モンゴル草原の生活世界』朝日選書、一九九六年

今野敏彦『蔑視語』明石書店、一九八八年

Leisi, E., Der Wortinhalt. Seine Struktur im Deutschen und Englischen, Heidelberg 1952.（訳）鈴木孝夫『意味と構造』研究社、一九六〇年

レーニン『共産主義における「左翼小児病」』国民文庫、大月書店

Lot-Falk, E., Les rites de chasse, Paris 1953.（訳）田中克彦・糟谷啓介・林正寛『シベリアの狩猟儀礼』弘文堂、一九八〇年

Mauthner, F., Beiträge zu einer Kritik der Sprache I-III, Leipzig ^{3}1923.

Meillet, A., Comment les mots changent de sens（Année sociologique 1905-1906）in Lin-

guistique historique et Linguistique générale, Paris 1958.
Pusch, L., Das Dentsche als Männersprache, edition suhrkamp 1984.
Sperber, H., Einführung in die Bedeutungslehre, Bonn 1923.
田中克彦『国家語をこえて』ちくま学芸文庫
田中克彦『ことばのエコロジー』ちくま学芸文庫
田中克彦『「スターリン言語学」精読』岩波現代文庫
柳田国男『国語の将来』講談社学術文庫
柳田国男『蝸牛考』岩波文庫
内海愛子他編『朝鮮人差別とことば』明石書店、一九八六年

解説　『差別語からはいる言語学入門』

礫川全次

◎闘う言語学者

田中克彦は、『差別語からはいる言語学入門』を書こうとしたキッカケについて、本文庫版の七六ページで次のように述べている。

私がこの「入門」をくわだてた目的は、サベツ語をめぐる議論を、糾弾したり、糾弾からうまく身をかわすための戦術を考えるためではなくて、サベツ語と呼ばれる現象をきっかけにして、ことばというものの本質と原理をもっと深く考えてみようではないかというところにあった。近頃サベツ語問題も下火になったなどといっている人もいるが、だいじなことは下火であろうと上火であろうと、考えるべきことは考えておかなければならないのである。すくなくともあのできごとは、言語の問題で人民が自己主張を示した、日本語史の上でのまれな経験だった。そこで私は言語学、言語研究の専門的な著作なども視野におさめながら、高度の教養講座、いってみれば、「サベツ語から入る言語学入門」を心に描いていたのである。

傍線を引いた部分にある「あのできごと」とは、一九六九年の「大内事件」をキッカケとした差別語糾弾運動のことである。「大内事件」については、本書の「序説」(二二ページ以下)を参照されたい。

いずれにしても、差別語糾弾運動を「言語の問題で人民が自己主張を示した、日本語史の上でのまれな経験だった」と捉えるところに、この本の著者・田中克彦の本領がある。田中克彦は、自他ともに認める「闘う言語学者」である。田中克彦に対するインタビュー記録をまとめた田中克彦・安田敏朗・土屋礼子『言語学の戦後』(「田中克彦が語る①」、三元社、二〇〇八)という本があるが、そこで田中は次のようなことを言っている。

言語に即して最もおもしろいのが規範の問題。「今のこの日本の最もいい文章を守る」とゆってる、文壇ボスどもね。じつのところ彼らはそれによって言語的抑圧の根拠を作り出すという点で国家の手先だもんね。このような僕の見方が受け入れられない所なんだよ。なんで美しい日本語を勧めてる人たちの足引っ張るようなことをするかってね。でも今はそれほど奇矯だと思われなくなった。僕が規範の相対化を言いはじめてからもう何十年にもなる。規範の問題で、せまい意味の言語学と文化、社会、権力の問題が出会う。おもしろいね。戦ってなくても戦ってる。

田中の闘いの対象は、「言語的抑圧」の中心である国家、あるいはその手先である「文壇ボスども」である。田中は、「言語的エリート」(あるいは「言語エリート」)という言葉を使うことがある。「言語的エリート」とは、「文壇ボスども」を初めとする、保守的・規範的な言語観を持つ知識人の総称と思われる。本書一四ページには、「ことばだけで食べているいわゆる言語エリート」という表現がある。

言語的エリートの対語は、「言語的下層者」。そして、田中言語学においては、言語を変化させ発展させるのは、言語的エリートではなく、言語的下層者たる民衆であるとされる。以上のことからして、本書で田中が、差別語糾弾運動を「言語の問題で人民が自己主張を示した、日本語史の上でのまれな経験だった」と捉えたのは、まさに必然的だったのである。

それにしても、『差別語からはいる言語学入門』というタイトルは秀逸である。このようなタイトルを思いつき、そのような本を書ける人物は、田中克彦を措いて他にはいないだろう。本書はまた、『言語学からはいる差別問題入門』という一面を持つ。仮に、そのようにタイトルを替えたとしても、そのような本を書ける人物は、「闘う言語学者」田中克彦を措いて他にはいない。

◎稀有な言語学者

二〇〇六年の夏に、鈴木孝夫(一九二六〜)と田中克彦の二人が対談をおこなった。ともに高名な言語学者であるが、年齢は鈴木が八歳上である。この対談の最後のほうで、鈴木は田中について、「あなたはゲリラとして出発したくせに、結果を振り返ってみると正規軍になっている」と評した。鈴木は、「闘う言語学者」田中に対して、そんな「喩え」を使ってみたくなったのだろう。鈴木からそうした指摘を受けた田中は、次のように返した。

ぼくはゲリラのつもりなんだけれども、気がついたら、正規軍がみんないなくなっちゃって、倒れちゃって、ぼくが最後に残っているから、ぼくはいまや正規軍なんだ。というよりも、だれかが命令してその指揮に従って動いているのが正規軍なのです。でも、ゲリラは自分の頭で動くしかないのです。ゲリラは雇われているのじゃないのだからね。正規軍は日本国家に雇われている、帝国大学とかに。ぼくはほんとのゲリラだから、自分のなかで完結した言語学を持っているゲリラだから、正規じゃないけれど、正統なのです(笑)。(鈴木・田中『対論　言語学が輝いていた時代』岩波書店、二〇〇八)。

要するに田中は、日本には、「ぼく」以外に、「自分のなかで完結した言語学を持っている」言語学者はいないと言い切っているのである。

鈴木孝夫は「対談を終わって」という文章の中で、次のように述べた(前掲書巻末)。

私は田中克彦という言語学者は言語という最も人間的な対象を、科学的と称する狭い範囲の、干からびた人間味の乏しい領域に押し込めようとする世の多くの言語学者とは違って、言語を使う庶民の喜びと苦しみ、大国の政治的強圧の中で消滅の一途を辿っている少数民族語の運命、そして歴代言語学者たちのさまざまな苦闘の跡などを、同情と共感の混ざった眼差しで追うという姿勢を一貫して持ち続けてきた稀有の存在だと思う……。

日本の言語学界においては、鈴木孝夫もまた「稀有の存在」である。その鈴木が、「思想的学問的」な立場を異にしてきた田中を、「稀有の存在」として評価していることに注目したい。ちなみに鈴木は、出版界の名門・I書店を「あんな左がかったところ」と呼ぶ思想傾向の持ち主で、田中については、「左翼プロレタリア的な思想に強く裏打ちされた博覧強記の田中氏」という認識を示している（前掲「対談を終わって」）。

そんな「稀有」な言語学者である田中克彦が著した本はすべて、大胆であり、ユニークであり、「人間的」である。文章も、達意にして軽妙。読んでおもしろくないはずがない。本書『差別語からはいる言語学入門』も、もちろんその例外ではない。

◎なぜ「差別語」なのか

田中は、一四ページに及ぶ本書「まえがき」で、この本の「趣旨」について、実に丁寧な説明をおこなっている。田中克彦の本に初めて接する読者であっても、おそらく抵抗なく、田中言語学の世界にはいってゆけると思う。

また田中は、本書第7講に先立って、この本の出版にいたる経緯について語っている。それによれば本書は、雑誌に連載した原稿を基礎としているが、その連載をめぐって、ややメンドウな事件があったようだ。これについて田中は、第9講の最初でも触れており、また「あとがき」でも蒸し返している。田中の学者生活・文筆生活にとって、よほど重大な事件であったと思われる。私はこうした田中の語りから、学者のモチベーションと学問の進歩は、出版メディアの姿勢に左右されるところが大きい、というメッセージを受け取った。

田中が、この『差別語からはいる言語学入門』という本を書こうとしたキッカケについては、先ほど、七六ページにある文章を引用した。しかし田中は、そもそもなぜ自分が、「差別語」というテーマに関心を抱くようになったのかについては、本書では多くを語っていない。

そこで参考にしていただくとよいと思うのが、前掲のインタビュー記録『言語学の戦後』である。同書で田中は、安田敏朗の質問を受けて、次のように語っている。

僕は、差別語の問題にそれほど関心を持ってたわけじゃないんだけど、引き込まれてしまった。ジャーナリズムなどには、差別語は言語の問題だから、言語学に公平な規準を出してもらいたいっていう、単純な期待があった。言語学者だったら、正しい解答を科学的に示してくれるであろうと。でもそんなことはできないと思ったけど、僕は乗ったんだよね、自信はなかったけど。僕はその中で差別語ってどういうものか、挑戦を受けたんだからそれを受けてたって、たとえ失敗してもいいから、とにかくやれるところまでやってみようと。で、それでまあやり出したのがきっかけなんだよ。

で、そこには勿論、政治的、戦略的なものがあるから、差別語を糾弾する人の期待にある程度、応えながら、ことの本質に近づけるものならと。しかし敵をやり込めるためだけの道具にされないようにね。言語学的な訓練を受けた人が、差別語の問題に参加することによって、糾弾運動を正しい道に導けるかもと。それによって、言語学がしきりを破って、発展する契機を持ち得るのではないかと。まあこういうふうに格好良く考えたわけね。それで、差別語の問題に入った。ところが、今、一段落してるじゃない。

率直にして簡潔明瞭であるが、一点だけ補足しておこう。右で田中は、「差別語を糾弾する人の期待にある程度、応えながら」と言い、また、「糾弾運動を正しい道に導けるかも」と言っている（傍線）。つまり、現実の差別語糾弾運動を、そのまま是認しているわけではない。本書において、そういった田中のスタンスが最もよくあらわれているのは、第4講である。特にその末尾にあるまとめ①②③（五六～五七ページ）は、注意して読むべきであろう。

◎清水幾太郎と田中克彦

戦後の左翼のオピニオンリーダーに、清水幾太郎（一九〇七〜八八）という社会学者がいた。その清水が、雑誌『中央公論』に掲載した評論「戦後の教育について」で、教育勅語を擁護するかのような発言をおこなったのは、一九七四年一一月のことであった。時代の流れを読むことに長けていた清水は、このあたりから、徐々に「右旋廻」してゆく。田中克彦が、NHKブックスの一冊として『言語の思想』（日本放送出版協会）を刊行したのは、その翌年一九七五年の一二月のことであった。私が初めてこの本に接したのは、一九八〇年前後のことだったと思う。当時、同書の内容を咀嚼することはできなかったが、NHKラジオのロシア語講師の茨城弁を聞いた清水幾太郎が「これが日本語か」とコメントしたのに対し、田中克彦が言語学の立場から厳しく批判していたことだけは、今でも印象に残っている。

今日、岩波現代文庫の一冊となった同書を開いてみると、そのⅣ章「日本語への視点」の「1　方言——恥の日本語」に、その清水幾太郎批判がある。それによると、清水がラジオの講師の「方言」についてコメントしたのは、一九七二年だったことがわかる。また、田中は、同じ章の「3　国民的言語作品——教育勅語」で、清水の評論「戦後の教育について」の一部を引用している。

さて、「1　方言」には、「日本語のいちじるしい特徴の一つに、その差別能力をあげなければならない」、「差別的な言語表現の最たるものは敬語である」などという指摘がある。田中は、すでにこの時点で、「ことばの差別」という問題に着目しており、その上で清水の「方言」観を批判していたのである。ここで田中は、暗に清水幾太郎を指しながら、「自分の言語感覚だけを絶対視するこのような規範主義者がやっている学問にはやはり用心しなければならない」ということも述べている（この田中の危惧は、その後、現実のものとなった）。

なお、同じ章の「2　漢字の世界」には、「茨城ことばが日本語とは思えなかったという人」という言葉が出てくる。もちろんこれは、清水幾太郎を指している。そこで田中は、「この人」（清水幾太郎）が、「し尿」、「う回」、「おう面」、「ぶ然」といったひらがなを含む熟語表記を「見苦しい文字」と批判した旨を紹介している。この部分は、清水が前掲の評論「戦後の教育について」で述べていることを受けたものである。

その後、清水は、一九七八年六月に雑誌『中央公論』に掲載した評論「戦後を疑う」で、治安維持法は必ずしも悪法ではなかったなどと述べた。この評論は、「戦後の教育について」のとき以上に、大きな反響を呼んだ。そして、これ以降の清水の「右旋廻」は、急激なものがあったと記憶する。

一九八〇年六月、清水は、『戦後を疑う』という本を出版する（講談社）。一九七八年の「戦後を疑う」、一九七四年の「戦後の教育について」を含む評論集である。清水によれば、この本は、よく売れたらしい。今、講談社文庫版で改めて同書を読んでみると、その第四章「戦後の日々」の中に、「醜い文字」というタイトルの一文がある。

ここで清水は、「とう精」、「き然」、「ゆ着」、「き裂」などの熟語表記を「醜い文字」と呼び、このような表現が生まれた背景には、戦後の「漢字悪玉論」があるなどと述べている。ちなみに、「とう精」は「搗精」で、玄米をついて白くすることを言うらしい。

この文章の初出の年は不明だが、文中に「昭和五十二年一月、第十二期国語審議会が」云々とあるので、一九七七年以降の文章であることだけは間違いない。田中の『言語の思想』が出版されたのが一九七五年であるから、清水は「醜い文字」という文章を書いた時、田中から自分が批判されていることを知っていたと思う。「自分の言語感覚だけを絶対視するこのような規範主義者」という田中の指摘を十分に意識しながら、清水は、「見苦しい文字」を、わざわざ「醜い文字」と言い換えた（「自分の言語感覚だけ」で）。これによって清水は、田中を挑発すると同時に、田中の批判を黙殺したのであろう。

田中克彦が、『ことばの差別』（農山漁村文化協会）という本を刊行したのは、一九八〇年五月のことであった（清水幾太郎『戦後を疑う』の刊行の一カ月前）。今、この本の内容を紹介する紙数はないし、『ことばの差別』と『差別語からはいる言語学入門』の両書を比較検討する余裕もないが、確実に言えるのは、田中の「ことばの差別」に対する構えが、一九八〇年の『ことばの差別』から、二〇〇一年の『差別語からはいる言語学入門』まで、全くブレていないということである。あるいはこれを、田中の言語観は、一九七五年の『言語の思想』から、二〇一二年のちくま学芸文庫版『差別語からはいる言語学入門』まで、全くブレていないと言い直してもよい。

それにしても不思議なのは、「サイレント・マジョリティ」(声なき多数派)の意を汲むと称して、カメレオンのように思想を変えていった清水幾太郎が、その言語観においては、硬直的・権威的な「規範主義者」であったという事実である。

一方、非「言語エリート」である民衆が、言語を変化させ発展させると説く田中克彦は、その言語観と思想性において、学者としての志操を守ってきた。このこともまた、興味深い事実である。そしてそれ以上に、このように対蹠的な二人の思想家(イデオローグ)が、同時代を生きていたという事実に対し、深い関心を抱く。

◎隠語と差別語

私は言語学についてはズブの素人だが、尾佐竹猛が明治大正期に記録していた隠語集を校訂したことをキッカケに（尾佐竹猛『下等百科辞典』批評社、一九九九）、「隠語」という存在に関心を持つようになった。二〇一一年には、『隠語の民俗学』（河出書房新社）というマイナーな本を出した。

『隠語の民俗学』を書きながら、終始頭を離れなかったのは、隠語と差別という問題である。中国地方の「サンカ」（かつて存在した漂泊民）には、「ネス」あるいは「ヒガネス」という隠語があった。これらの言葉には、一般民衆を蔑視する心意が含まれていた。サンカは、一般民衆から差別される立場にあったが、そのサンカの側にも、一般民衆を差別する隠語があったのである。

江戸時代の数百年間、その信仰を秘匿しながら生きた九州の隠れキリシタンには、自分たち隠れキリシタンを呼ぶ「善《よ》か人《ひと》」という隠語があったという。一方、自分たち以外の一般民衆については、「ゼンチョ」（「異教の人」の意味で、ポルトガル語に由来）という隠語があった。隠れキリシタンの場合、「差別」があったどころか、信仰が発覚すれば極刑が待っていた。そうした彼らの信仰を支えたのは、ことによると、自らを「善か人」と位置づけ、一般民衆を「異教の人」と位置づける隠語だったのではないか。

こうした隠語にまつわる「心意」は、「差別」の本質にかかわる重大なテーマではないのかと思い、本でもそのように書いた。この問題については、今後も考察してゆきたいと思っている。

日本における隠語研究の歴史は古く、一八九二年には稲山小長男《いなやまさお》編の本格的な隠語集『日本隠語集』（後藤待賓館）が刊行されている。また、一九一〇年以降、尾佐竹猛・中野栄三・樋口栄・宝来正芳・楳垣実・前田勇といった研究者が、さまざまな角度から隠語を論じてきた。近年では、「隠語辞典集成」（大空社）などの形で、基礎的な資料の復刻もなされた。木村義之・小出美河子編の『隠語大辞典』（皓星社、二〇〇〇）という労作も出た。

隠語研究のためのアイテムは充実している。にもかかわらず、隠語の研究は低調である。すでに『差別語からはいる言語学入門』が出ている今日、なぜ、『隠語からはいる言語学入門』を書こうという言語学者があらわれないのか。

その一方で、『差別語からはいる言語学入門』という企画を打ち出した田中克彦の先見性には驚かされる。また、多くの困難を克服しながら企画を実現させた強固な意志にも敬意を表したい。

さて、本書を手にされている読者の中には、アカデミックな世界にはあまり縁がない方も多いことであろう。「差別語」という言葉に引かれ、手に取ってみたという方もあるだろう。この際、少し「言語学」というものをカジってみようという方もあるだろう。そういう方にとって、本書は、格好の「贈り物」である。それは、本書は、非「言語エリート」の立場に立って言語学を構築してきた著者による、非「言語エリート」のための一冊だからである。おそらく読者は、本書によって、「差別語」について知り、それとの「付き合い方」を理解し、自分たちの手に自分たちの言葉を取り戻そうという気持ちを持っていただけるようになるだろう（著者の言う「糾弾運動を正しい道に導く」とは、おそらくそういうことだと思う）。

また、もしこの本を「若手の言語学者」が手にしておられるようなら、その方に、こう申し上げたい。『差別語からはいる言語学入門』というような意欲的なテーマは、本来、田中克彦のような大家に任せるのではなく、あなたのような「若手の言語学者」が果敢に挑戦すべきではないのか。『隠語からはいる言語学入門』、『ことわざからはいる言語学入門』など、テーマは、いくらでもあるではないか。読者のために、また学問のために、奮起を期待したい。

（民俗研究家）

本書は二〇〇一年十一月十五日、明石書店より刊行されたものである。

日本伝説集　高木敏雄

全国から集められた伝説より二五〇篇を精選。民話のほぼ全ての形式と種類を備えた決定版。日本人の原風景がここにある。（香月洋一郎）

人身御供論　高木敏雄

人身供犠は、史実として日本に存在したのか。民俗学草創期に先駆的業績を残した著者の、表題作他全13篇を収録した比較神話・伝説論集。（山田仁史）

儀礼の過程　ヴィクター・W・ターナー　冨倉光雄訳

社会集団内で宗教儀礼が果たす意味と機能を明らかにし、コムニタスという概念で歴史・社会・文化の諸現象の理解を試みた人類学の名著。（福島真人）

日本の神話　筑紫申真

八百万の神はもとは一つだった!? 天皇家統治のために創り上げられた記紀神話を、元の地方神話に解体すると、本当の神の姿が見えてくる。（金沢英之）

河童の日本史　中村禎里

ぬめり、水かき、悪戯にキュウリ。異色の生物学者が、時代ごと地域ごとの民間伝承や古典文献を精査。〈実証分析的〉妖怪学。（小松和彦）

ヴードゥーの神々　ゾラ・ニール・ハーストン　常田景子訳

20世紀前半、黒人女性学者がカリブ海宗教研究の旅に出る。秘儀、愛の女神、ゾンビ——学術調査と口承文学を往還する異色の民族誌。（今福龍太）

初版 金枝篇（上）　J・G・フレイザー　吉川信訳

人類の多様な宗教的想像力が生み出した多様な事例を収集し、その普遍的説明を試みた社会人類学最大の古典。膨大な註を含む初版の本邦初訳。

初版 金枝篇（下）　J・G・フレイザー　吉川信訳

なぜ祭司は前任者を殺さねばならないのか？ そして、殺す前になぜ〈黄金の枝〉を折り取るのか？ 事例の博捜の末、探索行は謎の核心に迫る。

火の起原の神話　J・G・フレイザー　青江舜二郎訳

人類はいかにして火を手に入れたのか。世界各地より夥しい神話や伝説を渉猟し、文明初期の人類の精神世界を探った名著。（前田耕作）

ちくま学芸文庫

差《さ》別語《べつご》からはいる言語学入門《げんごがくにゅうもん》

二〇一二年六月十日　第一刷発行
二〇二二年五月二十日　第四刷発行

著　者　田中克彦（たなか・かつひこ）

発行者　喜入冬子
発行所　株式会社　筑摩書房
東京都台東区蔵前二―五―三　〒一一一―八七五五
電話番号　〇三―五六八七―二六〇一（代表）
装幀者　安野光雅
印刷所　株式会社精興社
製本所　株式会社積信堂

ISBN978-4-480-09462-9 C0180